Aprovisionamiento y almacenaje de alimentos y bebidas en el bar

Ana Belén Ocaña Zurera

Lidia Rey Acosta

ic editorial

Aprovisionamiento y almacenaje de alimentos y bebidas en el bar
© Ana Belén Ocaña Zurera
© Lidia Rey Acosta

1ª Edición

© IC Editorial, 2025

Editado por: IC Editorial
c/ Cueva de Viera, 2, Local 3
Centro Negocios CADI
29200 Antequera (Málaga)
Teléfono: 952 70 60 04
Fax: 952 84 55 03
Correo electrónico: iceditorial@iceditorial.com
Internet: www.iceditorial.com

ISBN: 978-84-1184-693-6
Depósito Legal: MA 498-2025

Impresión: PODiPrint
Impreso en Andalucía – España

Nota de la editorial: IC Editorial pertenece a Innovación y Cualificación S. L.

Presentación del manual

El **Certificado de Profesionalidad** es el instrumento de acreditación, en el ámbito de la Administración laboral, de las cualificaciones profesionales del Catálogo Nacional de Cualificaciones Profesionales adquiridas a través de procesos formativos o del proceso de reconocimiento de la experiencia laboral y de vías no formales de formación.

El elemento mínimo acreditable es la **Unidad de Competencia.** La suma de las acreditaciones de las unidades de competencia conforma la acreditación de la competencia general.

Una **Unidad de Competencia** se define como una agrupación de tareas productivas específica que realiza el profesional. Las diferentes unidades de competencia de un certificado de profesionalidad conforman la **Competencia General,** definiendo el conjunto de conocimientos y capacidades que permiten el ejercicio de una actividad profesional determinada.

Cada **Unidad de Competencia** lleva asociado un **Módulo Formativo,** donde se describe la formación necesaria para adquirir esa **Unidad de Competencia,** pudiendo dividirse en **Unidades Formativas.**

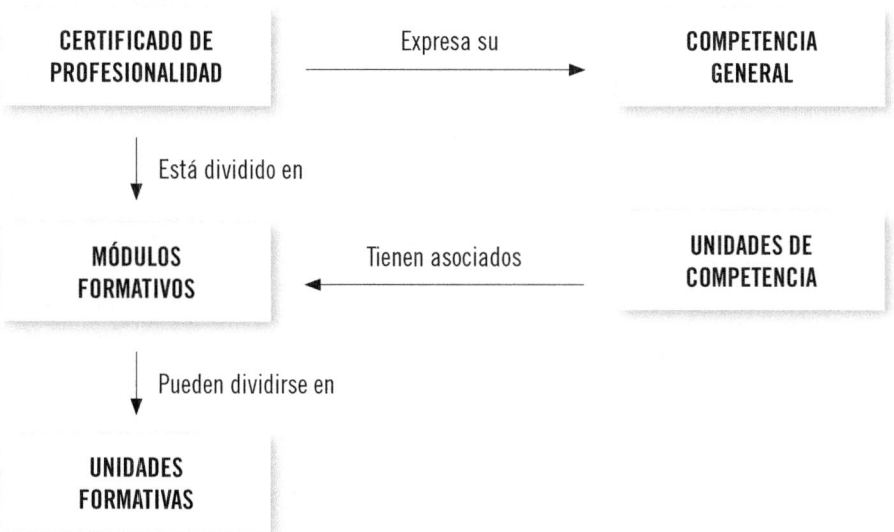

El presente manual desarrolla la Unidad Formativa **UF0060: Aprovisionamiento y almacenaje de alimentos y bebidas en el bar,**

perteneciente al Módulo Formativo **MF0258_1: Aprovisionamiento, bebidas y comidas rápidas,**

asociado a la unidad de competencia **UC0258_1: Ejecutar operaciones básicas de aprovisionamiento, y preparar y presentar bebidas sencillas y comidas rápidas,**

del Certificado de Profesionalidad **Operaciones básicas de restaurante y bar**

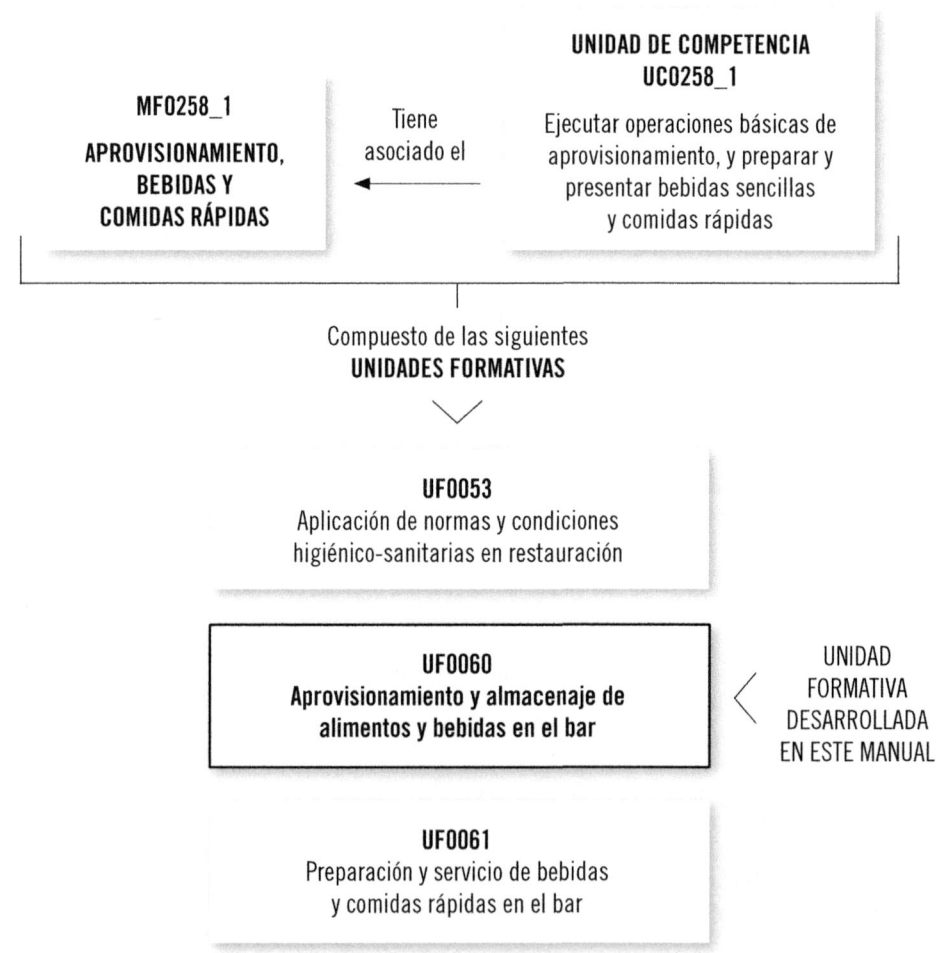

FICHA DE CERTIFICADO DE PROFESIONALIDAD

(HOTR0208) OPERACIONES BÁSICAS DE RESTAURANTE Y BAR (R. D. 1376/2008, de 1 de agosto modificado por el R. D. 619/2013, de 2 de agosto)

COMPETENCIA GENERAL: Asistir en el servicio y preparar y presentar bebidas sencillas y comidas rápidas, ejecutando y aplicando operaciones, técnicas y normas básicas de manipulación, preparación y conservación de alimentos y bebidas

Cualificación profesional de referencia		Unidades de competencia	Ocupaciones o puestos de trabajo relacionados:
HOT092_1 OPERACIONES BÁSICAS DE RESTAURANTE Y BAR (RD 295/2004 de 20 de febrero de 2007)	UC0257_1:	Asistir en el servicio de alimentos y bebidas	• Ayudante de camarero • Ayudante de bar • Ayudante de economato • Auxiliar de colectividades • Empleado de pequeño establecimiento de restauración
	UC0258_1:	Ejecutar operaciones básicas de aprovisionamiento, y preparar y presentar bebidas sencillas y comidas rápidas	

Correspondencia con el Catálogo Modular de Formación Profesional

Módulos certificado	Unidades formativas	Horas U.F.
MF0257_1: Servicio básico de restaurante-bar	UF0053: Aplicación de normas y condiciones higiénico-sanitarias en restauración	30
	UF0058: Uso de la dotación básica del restaurante y asistencia en el preservicio	30
	UF0059: Servicio básico de alimentos y bebidas y tareas de postservicio en el restaurante	60
MF0258_1: Aprovisionamiento, bebidas y comidas rápidas	UF0053: Aplicación de normas y condiciones higiénico-sanitarias en restauración	30
	UF0060: Aprovisionamiento y almacenaje de alimentos y bebidas en el bar	30
	UF0061: Preparación y servicio de bebidas y comidas rápidas en el bar	60
MP0015: Módulo de prácticas profesionales no laborales		80

Índice

Capítulo 1
Realización de operaciones sencillas de economato y bodega en el restaurante-bar

Contenido

1. Introducción

Desde hace siglos, los egipcios y demás pueblos de la antigüedad, almacenaban grandes cantidades de alimentos para ser utilizados en tiempos de sequía o adversidad como una forma de afrontar los períodos de escasez, asegurando la subsistencia de la vida y el desarrollo de las actividades normales. Este es el origen de las formas de almacenamiento que actualmente se conocen.

El éxito de un restaurante o bar dedicado a ofrecer servicios de comidas y bebidas se puede lograr contando con unas materias primas o productos de calidad que garanticen, desde el principio, lo que va a consumir el cliente. Para conseguir esto, se debe elegir unos proveedores que satisfagan las necesidades.

Se entiende por economato el lugar destinado a almacenar y conservar los artículos recibidos, para su posterior uso en otro departamento.

Una vez recibidos los productos en el economato se ordenan según sus características, utilizando métodos de conservación adecuados para cada uno de ellos. Más adelante se tratarán los diferentes métodos de conservación que se utilizan para mantener las propiedades y calidad de los productos.

Para el buen funcionamiento del economato es necesario llevar un control de las mercancías que se reciben, se almacenan y posteriormente salen del almacén. Esto se conseguirá mediante unos métodos sencillos de gestión, usando documentos establecidos para dejar constancia de los movimientos que se llevan a cabo en el almacén. Además de estos, también existen numerosas herramientas informáticas que facilitan las tareas de economato.

2. Solicitud y recepción de géneros culinarios y bebidas: métodos sencillos, documentación y aplicaciones

En el día a día de cualquier establecimiento hostelero, es necesario para su correcto funcionamiento el aprovisionamiento y almacenamiento de géneros culinarios y bebidas.

Definición

Aprovisionamiento
Es un proceso con un orden cronológico en el cual las empresas de hostelería se surten de los bienes y servicios que le son necesarios para funcionar con normalidad.

Dependiendo del tamaño del establecimiento, estas gestiones de solicitud, almacenamiento y recepción las va a realizar el jefe de compras en caso de empresas de gran capacidad como grandes hoteles, restaurantes, etc., mientras que en empresas de menor tamaño estas tareas las pueden llevar a cabo, entre otros, el primer *maître*, el barman, el gerente o el mismo propietario. Dentro de un organigrama hotelero, el jefe de compras se sitúa tal y como aparece en el siguiente cuadro.

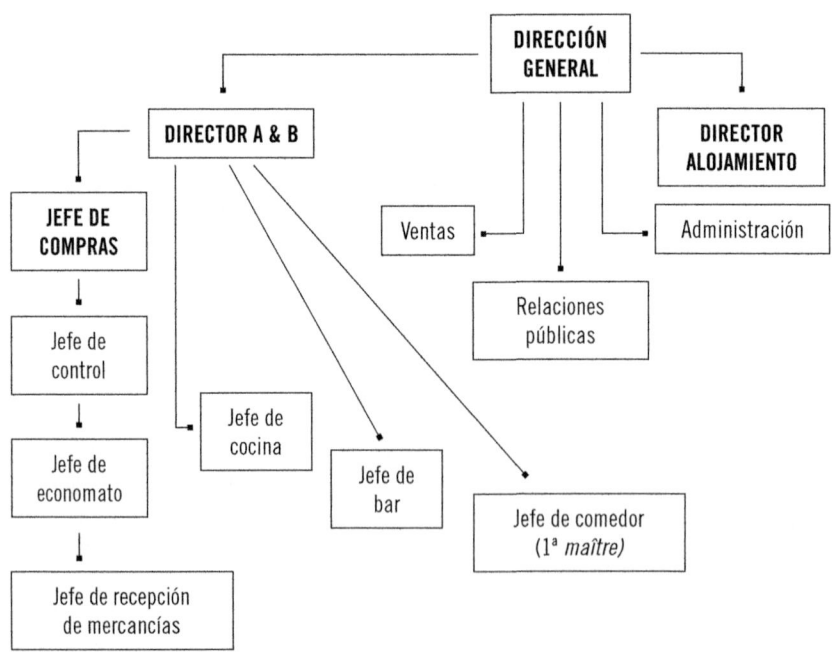

Organigrama de establecimiento hostelero

Es necesario conocer el ciclo de compras que un establecimiento de hostelería, en este caso de un restaurante-bar, debe seguir para realizar un correcto aprovisionamiento.

2.1. Ciclo de compras

Todo ciclo de compras debe presentar un orden lógico, comenzando con la identificación de las necesidades, para a continuación seleccionar al proveedor y emitir el pedido, finalizando con la recepción de las mercancías, persiguiendo el aseguramiento de la calidad de los productos a adquirir así como la imposición de un precio y servicio competitivo.

Identificación de las necesidades

Es uno de los pasos previos a la realización del pedido. Resulta imprescindible la determinación de qué productos y qué cantidades adquirir. Se tendrán en cuenta los siguientes parámetros:

- Los *stocks* máximos y mínimos.
- La oferta gastronómica del establecimiento.
- La previsión de clientes y el perfil de estos.
- El tamaño del almacén.
- La política financiera de la empresa.
- La fecha de consumo preferente de los distintos productos.

 Ejemplo

Si necesita algunas piezas de pescado fresco para un servicio dentro de dos semanas, se pedirán en una fecha lo más próxima posible al servicio, debido a que es un producto muy perecedero. En cambio, las botellas de vino que se servirán, sí que se pueden adquirir con antelación.

Se debe reconocer qué productos del mercado son más adecuados para el establecimiento, ya que es muy amplia la oferta de productos que los proveedores ofrecen, pero no todos son indicados para todas las empresas.

El tipo de producto y calidad deberán estar acordes con la categoría del establecimiento.

Elección del proveedor

Este aspecto del proceso de compras resulta crucial, debido a que el resultado final depende en buena medida del servicio de los proveedores.

Tras conocer y determinar los productos necesitados, también hay que identificar a aquellos que harán posible que se realice la adquisición de ellos. Los distribuidores deben ser de total confianza, seriedad y con una imagen positiva en el mercado. Por eso a la hora de elegirlos se tendrá en cuenta:

- **Servicio.** Optar por distribuidores que permitan hacer los pedidos con antelación, que den garantías en el transporte, puntualidad, forma de entrega y facilidades a la hora de imprevistos.
- **Calidad.** Es necesario establecer un nivel de calidad, que va a depender de la categoría del establecimiento, para elegir aquellos distribuidores que proporcionen la calidad de los productos que se buscan.

■ **Precio.** Los precios y formas de pago se deben negociar antes de realizar el pedido. Si se piden grandes cantidades de un producto, normalmente el precio será menor que si se hacen pedidos pequeños. Aunque el coste de los productos es fundamental para realizar una buena compra, este no influirá en la calidad de los productos.

■ **Conocer a los proveedores.** Esto permite elegir aquellos que ofrezcan mejor relación calidad-precio y condiciones. Es necesario conocer a los distribuidores de la zona, así como estar en contacto con nuevos proveedores para ampliar las posibilidades de compra.

También hay que decidir el número de proveedores que se seleccionarán por cada línea de producto. Se pueden dar dos alternativas: tener un proveedor único o varios proveedores. A continuación se muestran las ventajas e inconvenientes de cada elección.

	Ventajas	Inconvenientes
Proveedor único	- Permite una línea de descuentos y bonificaciones en los precios. - Hace más simple el trabajo administrativo. - Se establece un servicio más personalizado debido a una relación de confianza.	- Existe riesgo de desabastecimiento si falla el proveedor a la hora de servir el pedido o si se pide una mayor cantidad y no puede responder. - Se puede sufrir abusos de precios. - No se tiene capacidad de reacción ante emergencias.
Varios proveedores	- Mejora de precios. - Se crea competencia entre los proveedores que sirven el pedido. - Alta capacidad de reacción en caso de fallo de algún proveedor o producto.	- La relación es menos personalizada. - Supone una mayor organización administrativa.

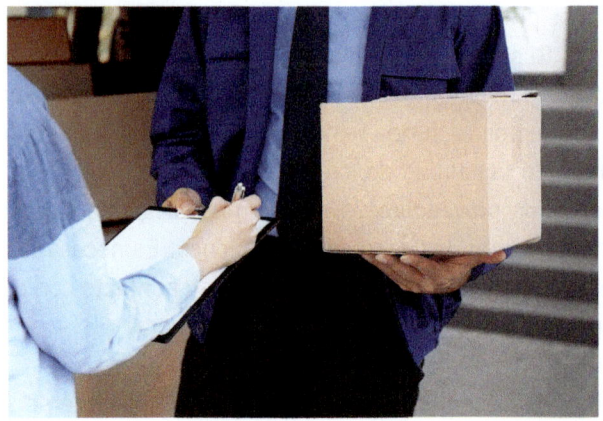

La imagen del proveedor forma parte de la imagen del establecimiento debiendo hacerle partícipe de la importancia de su relación.

Emisión del pedido

Los proveedores ya seleccionados proporcionarán listados con los productos que ofrecen y los precios correspondientes. A partir de ahí, se realizará el pedido en base a las necesidades.

La emisión del pedido se podrá efectuar mediante varios procedimientos en función de la política o forma de actuar de cada proveedor. Algunos de estos procedimientos son:

- Por vía telefónica.
- Por medio de comerciales.
- Por medio de hojas de pedido enviadas por fax, correo electrónico, etc.

 Nota

Atendiendo al medio utilizado para la toma de pedido, se deberá establecer un procedimiento correcto, siendo imprescindible saber comunicar.

El uso de las nuevas tecnologías ha facilitado el contacto y servicio de los proveedores, permitiendo agilizar los trámites de gestión, así como de seguimiento de la mercancía solicitada.

Recepción de mercancías

Es el momento en el que se reciben los productos pedidos. Dentro de este proceso se diferencian varias fases, como:

- **Recepción.** Consiste en recibir el género requerido a los proveedores.
- **Inspección de mercancía.** En esta fase se comprueba que las mercancías recibidas corresponden con las pedidas, con la cantidad, con el peso, con el precio, etc. Todo deberá coincidir con lo indicado en el albarán. También se comprueba si esas mercancías alcanzan el nivel de calidad establecido y las condiciones en que se encuentran.
- **Distribución.** Consiste en enviar cada producto al departamento correspondiente.
- **Almacenamiento.** Es el momento de la colocación y conservación de cada género en el lugar y con el procedimiento adecuado.

Durante la inspección de la mercancía se deberá rechazar cualquier producto en mal estado o que no cumpla con el nivel de calidad establecido.

2.2. Documentos necesarios

La gestión del aprovisionamiento o ciclo de compras requiere de un registro documental establecido y conocido por las partes implicadas en el proceso, ajustándose a las necesidades de ambos y a las exigencias impuestas por la normativa que los regula. Fundamentalmente estos registros son el listado de productos de proveedores, la hoja de pedido, el albarán y la factura.

Listado de productos de proveedores

En él, se detallarán los géneros que se ofrecen, los precios, tamaños y formatos disponibles, promociones, etc. Cuanta más información ofrezcan más sencillo será realizar el pedido.

 Nota

Los listados de productos de proveedores deberán cumplir al menos con las siguientes premisas:

I Estar actualizados.
I Ser claros, mostrando una grafía correcta, considerando tanto el tamaño como el tipo de fuente utilizado.
I Su información no pretenderá incidir en el error.
I En caso de uso de imágenes, deberán ser lo más realistas posibles, aportando una idea veraz del producto ofrecido.

-50 %

Lote.
Precio: 90,00 €
OFERTA: 45 €

-58 %

Estuche.
Precio: 83,70 €
OFERTA: 35 €

SELECCIÓN LAN

Surtido de Caja con 4 botellas:

- 2 bot. **LAN Ed Limitada 06**
- 1 bot. **LAN D-12**
- 1 bot. **Duquesa de Valladolid + obsequio**

ESTUCHE SEÑORÍO DE VILLARRICA

Vino tinto 2007

Estuche con 6 botellas:

Reserva riojano de aromas complejos a fruta roja y negra madura, balsámicos y tostados. Agradable, con excelente armonía entre fruta y madera.

-40 %

Lote.
Precio: 68,99 €
OFERTA: 41,35 €

-48 %

Estuche.
Precio: 119,00 €
OFERTA: 71,40 €

SELECCIÓN LA VICALANDA

Surtido 2005
Estuche 6 botellas + regalo cortacápsulas:

Crianza riojano de aroma intenso a fruta con recuerdos de madera bien ensamblada. Fresco, vivo, equilibrada acidez y largo final en boca.

ESTUCHE SELECCIÓN LEGARIS

Vino tinto
Estuche con 6 botellas:

- 2 bot. **Legaris Reserva 2055**
- 4 bot. **Legaris Crianza 2008**

Caja de 6 botellas
Precio: 39,60 €
OFERTA: 25,74 €

-34 %

Lote.
Precio: 60,50 €
OFERTA: 39,90 €

MARQUÉS DE GRIÑÓN

Vino Tinto 2007
Bodega: Marqués de Griñón, Dominio de Susar

Color rojo rubí intenso. Aromas con predominio de notas a vainilla que avalan la crianza de madera. Vino redondo, muy sabroso y equilibrado.

SELECCIÓN MARQUÉS DE RISCAL

Surtido
- 2 bot. **M Riscal Reserva 05**
- 1 bot. **M Riscal Finca Torrea**
- 1 bot. **M Riscal Verdejo 09 + obsequios**

Listado de productos de proveedor de bebidas

Hoja de pedido

Es la que recibe el proveedor por parte del establecimiento. En ella se reflejan los productos a pedir, las cantidades, la fecha y el nombre del proveedor, entre otros.

Nombre

Código cliente

Correo electrónico

Teléfono

Fax

CAFÉ DEL SOL

☐ Por favor, póngase en contacto conmigo tan pronto como sea posible en referencia a este material.

PEDIDOS QUE DESEA REALIZAR:

CÓDIGO	PAQUETES	CAPACIDAD	KILOS
NATURAL			
84/10592/00002/9		☐ 250 g	
84/10592/00003/6		☐ 500 g	
84/10592/00004/3		☐ 1000 g	
TORREFACTO			
84/10592/00006/7		☐ 250 g	
84/10592/00007/4		☐ 500 g	
84/10592/00008/1		☐ 1000 g	

Hoja de pedido online de proveedor de café

Albarán

El albarán es el documento que acredita la entrega de una mercancía y pese a que su uso no está legislado y no tiene validez frente a terceros, permite un control exhaustivo, facilitando la entrega y comprobación de una mercancía, generando en base a este la futura factura necesaria para la formalización administrativa.

Pese a que los puntos que debe reflejar el albarán no están establecidos, se emplean como referentes los siguientes:

- Fecha de entrega de la mercancía o servicio.
- Número de control.
- Datos del cliente y del suministrador de la mercancía o servicio.
- Artículos que se entregan y cantidad.

Normalmente, la emisión del albarán se lleva a cabo al menos por duplicado, entregando el vendedor una copia a la persona que recibe y comprueba el pedido para que la firme, siendo este el justificante de entrega.

LOGOTIPO Y DATOS IDENTIFICATIVOS *EMPRESA PROVEEDORA*	**ALBARÁN Nº** _____ __ de _____ de 20__

Cliente: _____ NIF: _____

Domicilio: _____ Población: _____

CÓDIGO	CONCEPTO	Unid/Peso	Observaciones

Firma cliente

El precio y tipo de IVA aplicado no son datos obligatorios en un albarán.

Factura

Las facturas son documentos de carácter mercantil que indican la compraventa de un bien o servicio. Su regulación viene dada por el Real Decreto 1619/2012, en el que se exponen desde la obligación de expedición de una factura hasta los datos que esta deberá incluir, destacando como más importantes los siguientes:

- Número y, en su caso serie.
- La fecha de expedición.
- Nombre y apellidos, razón o denominación social completa, tanto del obligado a expedir factura como del destinatario de las operaciones.
- Número de Identificación Fiscal.
- Domicilio, tanto del obligado a expedir factura como del destinatario de las operaciones.
- Descripción de las operaciones.
- Tipo impositivo o tipos impositivos aplicados a las operaciones.
- Cuota tributaria.

 Sabía que...

Accede al siguiente enlace en el que podrás obtener de forma completa el Real Decreto 1619/2012 de 30 de noviembre, por el que se aprueba el Reglamento por el que se regulan las obligaciones de facturación.

https://redirectoronline.com/uf00600101

FACTURA

COOPERATIVA DE CONSUMO
C/ Martínez Palma, 18
41009 Sevilla

Nº de factura:

Fecha:

Pedido N.º:

Albarán N.º:

Envío por:

Forma de pago:

Observaciones:

CLIENTE

NIF:

CÓDIGO	CANTIDAD KG	ARTÍCULO	PRECIO UNITARIO	IVA %	RE %	IMPORTE
IVA RE	4%	8%	%	%	%	%
BASE IMPONIBLE						
IMPORTE IMPUESTO						
			TOTAL FACTURA €			

Registro Mercantil de Sevilla, T. 756, Sec. 6.ª del Libro de Sociedades, F. 67, H. 8567, Ins 3ª

Factura tipo

3. Almacenamiento: métodos sencillos y aplicaciones

En el economato y en todos los departamentos en los que se almacenan productos o mercancías es necesario seguir unas normas para la correcta recepción, almacenaje y posterior salida de los artículos. El establecimiento deberá disponer de un local o espacio reservado exclusivamente a la recepción, selección, preparación y, si procede, limpieza de las materias primas.

Importante

Este lugar deberá estar perfectamente ordenado y limpio.

Realizada la entrega y comprobado el pedido se pasa a su almacenamiento, ordenando todos los productos recibidos atendiendo a su naturaleza y estado de conservación aplicado, diferenciando así entre: productos perecederos y no perecederos y productos congelados, frescos y envasados con tratamiento térmico (conservas).

Esta clasificación requiere del uso de temperaturas y condiciones ambientales específicos, diferenciando entre:

- **Almacenamiento a temperatura ambiente.** Entendiéndose como temperatura ambiente la comprendida entre 20 y 25 °C, dispuesta en almacenes de productos no perecederos. Su regulación podrá ser natural, buscando una ubicación adecuada o mediante el uso de ventilación forzada, sin llegar a requerir instalaciones especiales; es normalmente la temperatura establecida en los economatos. En el caso de las bodegas, esta temperatura deberá ser inferior, entre 12 y 18 °C, pudiéndose alcanzar igualmente mediante el uso de una ubicación adecuada.

La ubicación y materiales de construcción facilitarán la adecuación de temperatura requerida.

■ **Almacenamiento en refrigeración.** Se trata de instalaciones dotadas de sistemas de ventilación forzada permitiendo imponer temperaturas específicas según el producto a conservar, diferenciándose principalmente los siguientes rangos:

■ Cámara de verduras, entre 6 y 8 ºC
■ Cámara de pescados, entre 1 y 3 ºC
■ Cámara de carnes y despojos, entre 1 y 3 ºC
■ Cámara de productos lácteos, entre 2 y 4 ºC
■ Cámara de productos preelaborados, entre 3 y 4 ºC

Las cámaras frigoríficas se acondicionarán atendiendo al tipo de producto a albergar, utilizando para ello materiales adecuados y autorizados por la legislación vigente.

Debido a las necesidades de almacenamiento, los dispositivos destinados a la aplicación de la refrigeración presentan innumerables modelos, destacando entre ellos el denominado "timbre" de cocina, permitiendo una correcta organización de la mise en place y disposición de los alimentos.

- **Almacenamiento en congelación.** Se requiere de instalaciones dotadas de sistemas de generación de frío, creando ambientes con temperaturas inferiores a 0 ºC, considerándose como temperatura ideal la comprendida entre -18 y -25 ºC.

Las cámaras de congelación debe permitir una temperatura regular de entre -18 y -25 ºC.

A su vez, para el correcto almacenamiento de los géneros, es de vital importancia seguir unas normas básicas:

- Impedir que contacten con el suelo, techo y paredes.
- Asegurar el mantenimiento de las temperaturas para su correcta conservación.
- Evitar la contaminación cruzada; se conservarán en diferentes cámaras, si es posible, separando los frescos de los elaborados, así como los que requieran diferentes temperaturas.
- Controlar el *stock* y fechas de caducidad.
- Hacer un mantenimiento periódico, un programa de higienización y de control de plagas.

- Ubicar siempre los mismos productos en los mismos lugares, para facilitar la búsqueda de los artículos que se van a utilizar.
- Almacenar las cajas con las etiquetas a la vista para controlar las fechas de caducidad.
- Colocar los productos evitando apilarlos en exceso para evitar su deterioro.
- Clasificar los productos según su naturaleza dentro de cada zona.

3.1. Aplicación de los métodos de almacenamiento

A parte de las características citadas anteriormente sobre un correcto almacenamiento, las condiciones y tiempo de este varían en función del género a almacenar. Así, se tendrán productos durante un largo tiempo en perfectas condiciones y otros apenas permanecerán almacenados debido a su corta vida. Se debe tener claro qué método se seguirá con cada producto; esto se detalla en la siguiente tabla.

Género	Condiciones de almacenamiento	Tiempo máximo de almacenamiento	Signos de pérdida de calidad y alteración
Productos lácteos			
Leche	Frío positivo	5 a 7 días	Acidificación, color y sabor impropios.
Yogur y queso fresco	Frío positivo	7 días	Acidificación, sequedad.
Queso curado	Frío positivo	6 a 10 semanas	Sequedad, aparición de moho, olor desagradable.
Huevos			
Huevos frescos	Frío positivo	15 días	Clara y yema muy líquidas, membranas frágiles. Enturbiamiento, color y sabor desagradable.

Continúa en página siguiente >>

<< Viene de página anterior

Género	Condiciones de almacenamiento	Tiempo máximo de almacenamiento	Signos de pérdida de calidad y alteración
Conservas			
Conservas no ácidas (pescado, carne, paté, hortalizas, etc.) Conservas ácidas (tomate, frutas, etc.)	Temperatura fresca	El indicado por el fabricante	Hinchamiento de la lata, deformación en tapas y/o corrosión interna. Ennegrecimiento del producto, olor a podrido, textura desmenuzable.
Pescados y mariscos			
Pescado fresco	Frío positivo	1 a 2 días	Ojos hundidos y turbios, agallas amarronadas, carne no firme. Olor amoniacal.
Pescado congelado	Frío negativo	3 a 5 meses	Manifestación de manchas por quemaduras por frío.
Marisco vivo	Frío positivo	Mismo día de adquisición	Caparazones o conchas quebrados, ausencia de algún miembro.
Marisco fresco	Frío positivo	2 a 3 días	Caparazones o conchas quebrados, ausencia de algún miembro. Olor no característico.
Carnes y aves			
Carne fresca en piezas grandes	Frío positivo	3 a 5 días	Formación de baba color pardo grisáceo con olor a viejo al principio y a putrefacción después.
Carne fresca en piezas pequeñas	Frío positivo	1 a 2 días	Formación de baba color pardo grisáceo con olor a viejo al principio y a putrefacción después.

Continúa en página siguiente >>

<< Viene de página anterior

Género	Condiciones de almacenamiento	Tiempo máximo de almacenamiento	Signos de pérdida de calidad y alteración
Carne congelada	Frío negativo	6 meses	Color y sabor impropios. Aparición de manchas por quemadura por frío.
Embutidos	Frío positivo	4 a 6 días	Manchas de color verde, olor desagradable, ablandamiento, pegajoso al tacto.
Aves frescas	Frío positivo	2 a 3 días	Desarrollo de limo viscoso sobre la superficie. Aparición de manchas y olor desagradable.
Productos secos			
Harinas, pastas, café, etc.	Temperatura fresca	El indicado por el fabricante	Apelmazamiento, pérdida de sabor, presencia de insectos.
Grasas			
Aceites	Temperatura fresca	1 año	Rancidez, pérdida de color.
Mantecas, margarinas, etc.	Frío positivo	1 año	Aparición de manchas, aroma rancio.
Frutas y hortalizas			
Frutas y hortalizas frescas	Frío positivo	7 a 10 días (depende del tipo)	Manchas, acorchamiento, putrefacción.
Bebidas			
Vinos	Temperatura fresca y seca	Depende del tipo de vino y tiempo de crianza.	Olor a moho, a vinagre. Color no característico.
Bebidas alcohólicas	Temperatura fresca y seca	6 meses a 1 año	Olor y sabor no característicos, pérdida de color.

Continúa en página siguiente >>

<< Viene de página anterior

Género	Condiciones de almacenamiento	Tiempo máximo de almacenamiento	Signos de pérdida de calidad y alteración
Cervezas	Temperatura fresca y seca	3 a 6 meses	Olor y sabor no característicos, pérdida de carbónico.
Bebidas no alcohólicas	Temperatura fresca y seca	3 a 6 meses	Olor y sabor no característicos, pérdida de color.
Agua	Temperatura fresca y seca	De 6 meses a 1 año	Pérdida de propiedades

4. Controles de almacén

Uno de los factores más importantes a tener en cuenta en la gestión de un almacén es el control exhaustivo de las materias primas depositados en él, consiguiendo reducir costes y evitar pérdidas, consiguiendo así el máximo beneficio posible.

Los productos perecederos, al adquirirlos tienen un precio y calidad determinados y con el paso del tiempo y el deterioro de estos, van perdiendo su valor, lo que origina pérdidas para el establecimiento hostelero, siendo la determinación correcta de *stock* el que permita una correcta gestión, diferenciando entre:

- *Stock* mínimo. Cantidad de materias primas, productos o materiales que necesita la empresa para satisfacer la demanda de los clientes, hasta el momento del reaprovisionamiento. Este nivel mínimo corresponde al límite inferior de existencias dentro del cual no se debe bajar.
- *Stock* máximo. Cantidad máxima de materias primas, productos o materiales almacenados con el fin de satisfacer la demanda de los clientes y al mismo tiempo, rentabilizar el producto adquirido, pudiéndose acoger a promociones, ofertas, etc.

- **Stock de seguridad.** Se trata de la cantidad de materia prima, productos o materiales almacenados con el fin de soportar posibles fluctuaciones de ventas.

4.1. Documentación necesaria para el control del almacén

Para controlar los movimientos de productos, las entradas y salidas de materiales, la pérdida de material, roturas, etc., se van a utilizar diferentes tipos de documentos, como:

- **Albarán:** es un documento confeccionado por el proveedor que acompaña a la entrega de mercancías y que sirve como justificante del suministro recibido, al mismo tiempo se utiliza como comprobante para llevar a cabo el control cuantitativo. Todos los proveedores deben aportar con el pedido que entregan el albarán correspondiente, donde están reflejados los datos referidos a los artículos, precio, cantidad, etc. En este momento se realiza una comparativa entre el pedido realizado y lo recibido realmente. Cuando el pago de la mercancía se realiza en el momento de su recepción, el albarán será sustituido por una factura con carácter oficial.
- **Inventario:** representa la cantidad de cada uno de los artículos que tiene en los almacenes. Normalmente figura el nombre del proveedor, existencias actuales, precio, existencias máximas y mínimas, etc. Al entrar un pedido inmediatamente se deben actualizar estos datos. De forma periódica se pueden hacer inventarios para controlar el *stock*. Para cada sección del almacén se harán inventarios específicos según el tipo de mercancías (productos de limpieza, cámara frigorífica, alimentación, etc.).
- **Relevé:** representa la información sobre los consumos diarios del establecimiento. Es la diferencia entre el inventario inicial y el *stock* final de la jornada, es decir, lo que se ha consumido.
- **Vale:** es un impreso extendido para retirar un artículo del economato o cuando se traspasa de un departamento a otro. Este documento deberá ser firmado por los jefes de las secciones que intervengan en el proceso.
- **Comanda:** es un documento de recorrido interno elaborado por el *maître*, jefe de sector o camarero que refleja la petición del cliente. La comanda ayuda a controlar los géneros vendidos sirviendo de cotejo para los *relevés* y los inventarios.

4.2. Métodos de valoración de existencias

En el mercado, los precios sufren constantemente variaciones, tanto al alza como a la baja, por la ley de la oferta y la demanda. Por esto, los productos entrarán cada vez a un precio distinto, lo que hace que aquellos que salgan del economato con destino a sala o a cocina planteen un problema para calcular el precio de coste. Para evitar esta situación, se utilizan algunos métodos de valoración de las salidas del almacén, como:

- **Método FIFO** *(First in, first out.* "Primero en entrar, primero en salir"). Cada producto que sale del almacén, se valora con el precio del que lleve más tiempo en el mismo, hasta agotarlo. Si la cantidad que sale es mayor a la más antigua que había, a la diferencia se le aplicará el precio del siguiente lote más antiguo, y así sucesivamente.
- **Método LIFO** *(Last in, first out.* "Último en entrar, primero en salir"). Cada producto que sale del almacén se valora al precio de la última entrada hasta agotarlo. Si la cantidad que sale es mayor a la última que entró, a la diferencia se le aplicará el precio de la penúltima entrada, y así sucesivamente.
- **Método PMP** ("Precio Medio Ponderado"). Cada producto que sale se valora al precio medio de las existencias que hay en ese momento. Se va calculando el precio medio con cada entrada que se produce, y se valora cada salida con el último precio calculado.

Ficha valoración de mercancías							Producto: Ref.: Método de valoración:		
Fecha	Proveedor	Compras/Entradas			Ventas/Salidas			Existencias		
		Cantidad	Precio	Total	Cantidad	Precio	Total	Cantidad	Precio	Total

Ficha tipo de valoración de existencias

Importante

Estos métodos son utilizados únicamente para calcular el valor de los artículos que salen del economato, utilizarlos para calcular el orden de salida de estos es un error, ya que siempre saldrán primero los productos que más tiempo lleven almacenados.

4.3. Inventarios

El control de inventarios es un instrumento básico para controlar los *stocks*. Tienen la función principal de llevar el control de todas las existencias de un establecimiento. Los inventarios constan, como mínimo de los siguientes datos:

- Número de orden.
- Fecha del inventario.
- Datos del establecimiento.
- Nombre del departamento.
- Conjunto de artículos con sus respectivos códigos de identificación, sus características, fechas de adquisición y su precio.

En muchas empresas hosteleras es normal que se realicen partes de bajas y roturas cada cierto tiempo; pueden ser mensuales, trimestrales o semestrales. Los diferentes departamentos los confeccionan y los emiten a la sección de economato y dirección para tener al día el control de inventarios. En estos partes de bajas y roturas deben constar, como mínimo, los siguientes datos:

- Fecha del parte.
- Nombre del artículo.
- Existencia anterior.
- Total de bajas.
- Existencias actuales.

El inventario va a servir también para llevar a cabo un registro de los movimientos de mercancías que se producen en un economato. Se pueden diferenciar dos tipos de movimientos:

- **Movimientos de entrada.** Las entradas se documentan mediante vales de entrada, que deben contener como mínimo el código de la orden de compra, nombre de los productos recibidos, resultado de los controles de calidad y cantidad y referencia de ubicación de los artículos. Los productos que entran en un almacén pueden proceder de diferentes puntos:

    a. **Distribuidores:** productos que la empresa adquiere de sus proveedores.
    b. **Regulación de inventarios:** se realizan cuando hay un desajuste entre el inventario anterior y el actual, consiste en reponer con nuevos artículos la mercancía que falta para ajustar los niveles de existencias.
    c. **Otros almacenes de la empresa.**

- **Movimientos de salida.** Las salidas se documentan mediante vales de salida, que deben contener al menos los datos referentes a la persona que retira el producto, nombre y clasificación del producto, cantidad que se retira, donde va dirigido el producto retirado, fecha y firma del encargado de economato. Los artículos que se retiran del almacén se destinan a uno de los siguientes lugares:

    a. Distribuidores, por devolución.
    b. Regulación de inventarios.
    c. Otros almacenes de la empresa.
    d. Otros departamentos del restaurante-bar.

 Nota

Los inventarios son muy importantes, ya que por medio de su estudio se llevan a cabo políticas de actuación sobre las compras, la planificación de operaciones para el año siguiente, etc.

4.4. Informatización de la gestión de almacén

Todos los documentos utilizados para la gestión de almacén se van actualizando por programas informáticos. Gracias a las nuevas tecnologías, las empresas hosteleras han ido evolucionando hacia una informatización total de la gestión de sus almacenes, pasando de la utilización de papel y lápiz al uso de sofisticados programas que facilitan el trabajo en el almacén.

Existen una infinidad de programas para la gestión del economato. Cada empresa elegirá el que más le interese según sus necesidades. Estas herramientas informáticas pueden ser generales o específicas.

Las generales suelen ser programas relativos a la contabilidad, control de entradas y salidas del almacén, tramitación de facturas de proveedores, etc.

 Sabía que...

Los programas informáticos más usados en España son el ContaPlus y FacturaPlus.

A parte del ContaPlus y FacturaPlus, otra de las aplicaciones más utilizadas para el control de *stock* es *Microsoft Excel,* que permite elaborar hojas de cálculo, hacer operaciones, tablas de estadísticas, gráficos, análisis de datos, etc.

Los programas específicos son también muy numerosos, entre ellos cabe destacar *vvgADP, Easy WMS, Software* de gestión de inventarios *SAP* y *Power-pick.Kardex.*

Aplicación práctica

Imagine que usted es el encargado de economato y recibe un pedido, el cual ya lo ha inspeccionado y ha comprobado que todo es correcto. A continuación, se dispone a distribuirlo y almacenarlo. ¿Cómo procedería con estos artículos en concreto en cuanto a lugar y tiempo de almacenamiento?

- Lomos de salmón congelados.
- Zanahorias y puerros frescos.
- Latas de tomate triturado.
- Botellas de ginebra.
- Botellas de zumo.
- Botellas de agua.
- Langostinos frescos.

SOLUCIÓN

El lugar y tiempo de almacenamiento de estos productos sería el siguiente:

Producto	Lugar de almacenamiento	Tiempo máximo de almacenamiento
Lomos de salmón congelados	Cámara congelación	De 3 a 5 meses
Zanahorias frescas	Cámara refrigeración	De 7 a 10 días
Puerros frescos	Cámara refrigeración	De 7 a 10 días
Latas de tomate triturado	Economato	El indicado por el fabricante
Botellas de ginebra	Bodega	De 6 meses a 1 año
Botellas de zumo	Bodega	De 3 a 6 meses
Botellas de agua	Bodega	De 6 meses a 1 año
Langostinos frescos	Cámara refrigeración	De 2 a 3 días

5. Resumen

Las gestiones de solicitud, almacenamiento y recepción las realiza el jefe de compras en grandes empresas, mientras que en empresas de menor tamaño las pueden realizar el primer *maître*, el barman, el gerente o el mismo propietario.

En el proceso de gestión de comidas y bebidas, el ciclo de compras es un elemento fundamental para el éxito del establecimiento. Se debe tener en cuenta el perfil de los clientes potenciales y actuales, previsiones diarias, encargos especiales, productos que se ofrecen y ofertas de los proveedores.

La relación con los distribuidores es fundamental a la hora de adquirir los productos. El proveedor debe ser de total confianza y seriedad, y se ofrecen productos de calidad, precios bajos, posibilidad de negociar y buen trato.

En el momento de la recepción de la mercancía es imprescindible comprobar el albarán de entrega, verificando si la calidad, cantidad y precio corresponde con el pedido realizado.

El economato es un espacio dedicado al almacenamiento, conservación y posterior distribución de los artículos.

Los documentos necesarios para el control del almacén son: albarán, inventario, *relevé*, vale y comanda.

El *stock* es el conjunto de productos o materiales que almacena una empresa, a la espera de su utilización o venta, para hacer frente a futuras demandas.

El inventario representa la cantidad de cada uno de los artículos que hay en el almacén.

Ejercicios de repaso y autoevaluación

1. ¿Cómo se llama el departamento encargado de almacenar los productos en un establecimiento?

    a. Departamento de alimentación y bebidas.
    b. Compras y ventas.
    c. Departamento de abastecimiento.
    d. Almacén o economato-bodega.

2. ¿Quién se encarga de realizar las compras en las grandes empresas?

    a. Director.
    b. Jefe de compras.
    c. Director de alimentación y bebida.
    d. Gerente o propietario.

3. El paso previo a realizar un pedido es:

    a. Recepción de mercancías.
    b. Elección de los proveedores.
    c. Determinación de necesidades.
    d. Las opciones b y c son correctas.

4. A la hora de realizar un pedido, necesitaremos los siguientes documentos:

    a. Albarán, factura y *relevé.*
    b. Listado de productos de proveedores, hoja de pedido, albarán y factura.
    c. Hoja de pedido, inventario, albarán y factura.
    d. Todas las opciones son incorrectas.

5. **El documento confeccionado por el proveedor que acompaña a la entrega de mercancías y que sirve como justificante del pedido es:**

    a. Albarán.
    b. Comanda.
    c. *Relevé.*
    d. Inventario.

6. **El método más correcto para calcular el orden de salida de los productos del economato es:**

    a. Método LIFO.
    b. Método NIFO.
    c. Método PMP.
    d. Todas las opciones son incorrectas.

7. **En relación al almacenamiento, señale verdadero o falso.**

    a. La temperatura ideal para un economato es la temperatura ambiente.

        ☐ Verdadero
        ☐ Falso

    b. Los productos almacenados nunca deben estar en contacto con el suelo.

        ☐ Verdadero
        ☐ Falso

    c. Es necesario realizar un mantenimiento y un programa de higienización del economato.

        ☐ Verdadero
        ☐ Falso

    d. Todos los artículos se almacenarán en el mismo lugar, sin tener en cuenta sus características.

        ☐ Verdadero
        ☐ Falso

8. **Aquella cantidad de materias primas o materiales que necesita la empresa para satisfacer su demanda, mientras espera la llegada de los productos se denomina:**

    a. *Stock* máximo.
    b. Inventario imprescindible.
    c. Mercancía de reserva.
    d. *Stock* mínimo.

9. **¿Qué es un *relevé?***

    a. Es el documento que representa la información sobre los consumos diarios del establecimiento.
    b. Es un impreso extendido para retirar un artículo del economato o cuando se traspasa de un departamento a otro.
    c. Es un documento de recorrido interno elaborado por el maître, jefe de sector o camarero que refleja la petición del cliente.
    d. Es un impreso que refleja la cantidad de cada uno de los artículos que tenemos en los almacenes.

10. **En los inventarios deben constar, como mínimo, los siguientes datos:**

    a. Fecha de inventario, datos del proveedor, identidad y firma del encargado de inventario.
    b. Fecha del parte, nombre del artículo, existencia anterior, total de bajas, existencias actuales.
    c. Número de orden, fecha del inventario, datos del establecimiento, nombre del departamento, conjunto de artículos.
    d. Todas las opciones son incorrectas.

Capítulo 2
Utilización de materias primas culinarias y géneros de uso común en el bar

Contenido

1. Introducción

En un bar son muchos los productos que se ofertan; dependiendo del tipo de establecimiento, esta oferta puede variar. Cada empresa hostelera elegirá el tipo de alimentos y bebidas que va a ofrecer a sus clientes, así por ejemplo los productos utilizados en una cafetería especializada en desayunos no serán los mismos que en un restaurante a la carta. No solo va a influir el tipo de establecimiento, sino que una misma empresa pueda ofrecer, según la hora del día, distintos productos.

Existe una gran cantidad de alimentos y bebidas que se sirven en un establecimiento hostelero, aunque este capítulo se va a centrar en los más básicos. Las materias primas culinarias y géneros de uso común en el bar son los destilados, la cerveza, el vino, las bebidas no alcohólicas, los productos perecederos y los productos no perecederos.

Además de elegir bien la materia prima que se va a utilizar para las elaboraciones en el bar, también es fundamental la conservación, regeneración y servicio de esta para ofrecer a los clientes productos de calidad. Existen unas indicaciones básicas, que se tratan a continuación, para la regeneración de determinados alimentos antes de ser servidos, pero en el caso concreto del vino estas normas son más extensas, ya que por sus propiedades específicas requiere de mayor atención.

2. Clasificación: variedades más importantes, caracterización, cualidades y aplicaciones básicas

Son muchas las variedades de alimentos y bebidas que se pueden ofertar en un bar. En este punto se van a tratar los más importantes.

2.1. Destilados

Los destilados (licores) son las bebidas hidroalcohólicas aromatizadas obtenidas por destilación de diversas sustancias vegetales naturales; estas deben ser alcohólicas (vino) o susceptibles de ser transformadas en alcohol (manzanas, peras, caña de azúcar, cereales, etc.).

La **destilación** es la transformación de los líquidos en vapor, con ayuda de calor, para volverlos enseguida a estado líquido por enfriamiento, recogiendo de esta forma los principios volátiles. La destilación es la conversión de los azúcares en alcohol, esto se consigue gracias a la fermentación.

Sabía que...

Fueron los griegos quienes descubrieron el principio de la destilación, aunque fueron los árabes quienes usaban esta técnica con más frecuencia, en principio lo utilizaban para la elaboración de las bases de cosméticos, y más tarde para elaborar medicinas, destilando vinos y cervezas, que muy pronto se popularizaron como bebida.

Para la obtención de los destilados se utiliza el **alambique.** El alambique es un aparato de metal, vidrio u otra materia para extraer al fuego, y por destilación el espíritu o la esencia de cualquier sustancia líquida. Por este motivo, a los destilados también se les conoce como bebidas espirituosas.

Según el tipo de licor o aguardiente que se quiera conseguir se va a utilizar un tipo de destilación diferente. Entre otras se pueden encontrar:

- Destilación al vacío.
- Destilación continua.
- Destilación por vapor.
- Destilación simple.

Los aguardientes más utilizados en el bar son el *whisky,* ron, ginebra, vodka, *cognac, brandy* y tequila.

Entre las principales aplicaciones de estas bebidas destacan:

- **Bebidas combinadas.** En las que la base es el aguardiente y se acompañan con otro tipo de bebida, normalmente refrescos.
- **Cócteles.** Combinación de diferentes bebidas en las que el elemento principal puede ser algunas de las citadas.
- **Solas.** El trago se compone solo del aguardiente, con posibilidad de acompañarlo con hielo.

La formulación de un cóctel puede incluir dos o más ingredientes en proporción adecuada empleando para su elaboración una técnica concreta.

Whisky

El *whisky* es el aguardiente obtenido por la destilación del mosto de cereales fermentado. Los cereales más utilizados son la cebada, el centeno y el maíz. Posteriormente, se envejece en barriles de madera, tradicionalmente de roble blanco. Este aguardiente se comercializa con un contenido alcohólico de entre 40 y 60º aproximadamente.

? Sabía que...

El *whisky* durante muchos años, se elaboraba y consumía de forma clandestina, pero a partir de finales del siglo XIX se reguló su situación y empezó a conocerse por todo el mundo.

Según el procedimiento de elaboración y la zona de producción se pueden diferenciar varios tipos de *whisky:*

- **Whisky escocés.** Se diferencian 3 tipos: *Whisky* de grano, de malta y *blended.* Los más apreciados son los de malta, los cuales se obtienen de la destilación de malta secada en hornos de turba. La malta ha sido previamente germinada con agua escocesa (uno de los ingredientes principales).
- **Whisky irlandés.** Aguardiente que se obtiene de la destilación de un mosto de cebada malteada y sin maltear, centeno, trigo y avena. Se envejece en toneles de roble, en particular los que han contenido jerez.
- **Whisky americano.** Uno de los *whiskies* americanos más conocidos es el *bourbon,* obtenido por destilación de un mosto de cereales, principalmente maíz, mezclado con malta de trigo o cebada.

La calidad del hielo utilizado en un servicio de bebidas será determinante, siendo un factor a considerar junto con las características del vaso o copa empleadas.

Ron

El ron es el aguardiente que se produce a partir del jugo de caña de azúcar prensado, el jarabe concentrado del jugo de la caña de azúcar y las melazas de caña de azúcar o la mezcla de dos de los tres productos citados.

Cuando la caña llega a la destilería, se rompe y tritura, separando así el jugo y la masa triturada, la cual se triturará al máximo para obtener las melazas o residuos. Se puede destilar de muchas formas, pero la más utilizada es la destilación continua.

El primer paso a llevar a cabo para la elaboración del ron es la extracción del jugo de la caña usando para ello prensas específicas.

El ron envejece en toneles de roble; el caramelo es el único colorante que se permite adicionar y no modifica su sabor. Al envejecerse en toneles adquiere diversas tonalidades, que van desde el ámbar al caoba. El ron tiene una graduación mínima de 40° y los países que lo producen son principalmente Cuba, República Dominicana, Puerto Rico y Jamaica.

El ron se elabora a a partir de la caña de azúcar, coexistiendo diversos procesos, lo que permiten diferenciar entre:

- Ron agrícola. Elaborado directamente a partir del jugo de la caña de azúcar.
- Ron industrial. Elaborado a partir de melaza, siendo un subproducto de la fabricación del azúcar.

Al mismo tiempo, los rones pueden ser clasificados por:

- Tipo de crianza y envejecimiento al que son sometidos.
- Procedencia.
- Color.
- Cantidad de azúcares o sacarosa.

La tonalidad adquirida por los distintos rones comercializados se asocia tanto a la adición de azúcares como al tiempo de envejecimiento llevado a cabo.

Existen otros tipos de ron muy conocidos, como puede ser el ron dulce que contiene más de 100 g de azúcar por litro, y el ron escarchado que tiene una sobresaturación de azúcar. Sin olvidar el ron especiado, siendo sometido a envecimiento junto con especias o frutas y el ron *overproof,* caracterizado por presentar un nivel de alcohol más alto del estándar.

Ginebra

La ginebra es el aguardiente obtenido por la destilación de un mosto de cereales (maíz y cebada malteada), rectificado y aromatizado con bayas de enebro y otras sustancias como el coriandro, angélica, pieles de naranja, anís, cilantro, cominos, etc. Tiene una graduación alcohólica de 43°.

La **ginebra holandesa** parte de un alcohol de grano, llamado vino de malta, que es el ingrediente característico de este tipo de ginebra, por el contrario el ingrediente que caracteriza a la **ginebra inglesa** es un alcohol neutro, incoloro e insípido. La ginebra inglesa es la más seca y la más apreciada, mientras que la holandesa es más fuerte y con marcado sabor a cereales.

*Otras de las especies
que aportan el sabor
característico a la ginebra
es el cardamomo o la
corteza de cassia.*

Vodka

El vodka está elaborado con cereales como el trigo, centeno, cebada malteada, maíz, y algunas veces también con patata. Se hacen dos destilaciones y una rectificación para conseguir un alcohol neutro de 96° sin conservar aroma ni sabor de su materia prima. El producto destilado se filtra varias veces con filtros de carbón de madera produciendo un licor muy puro e incoloro.

Lo más usual es que este aguardiente tenga una graduación máxima de 40°, aunque algunos pueden llegar a los 56° como es el caso del vodka ruso *Krepkaya;* este tipo de vodka es el más fino, elegante y cotizado junto con el *Rouskaya.*

? Sabía que...

El origen de este licor se remonta a la época de la prehistoria en la Europa oriental, aunque el vodka propiamente dicho aparece en el siglo XVI en Polonia. Esta bebida se convirtió en bebida tradicional de Siberia, popularizándose por todo el mundo durante la Segunda Guerra Mundial.

También es muy conocido el vodka polaco que mayoritariamente se elabora a partir de la destilación del centeno, aunque también se usa la patata.

Los grandes productores de vodka son los países nórdicos, entre ellos Rusia, Polonia, Suecia y Finlandia.

El grado alcohólico del vodka no es determinante en torno a su calidad.

Coñac

Su origen es del oeste de Francia, de la región de Cognac, que cuenta con un microclima especial que la hace única para la producción de las viñas con las que se elabora este licor.

La cepa más utilizada para la elaboración del coñac es la *ugni blanc* y las uvas *Saint-Emilion blanche* y *Colombard*. Con estos tipos de uvas se elabora un vino blanco de 8° que se destila dos veces, obteniendo un aguardiente de 70°, reservando el corazón de la destilación y desechando las cabezas y colas.

Según el producto que se quiera conseguir se tendrá que mezclar adecuadamente **cabezas, colas** y **corazón** durante el proceso de destilación.

 Definición

Cabezas
Son los primeros vapores que se obtienen al calentar el licor en el proceso de destilación, normalmente estas se desechan.

Colas
Son las sustancias más acuosas y menos alcohólicas que aparecen en la última fase de la destilación.

Corazón
Es la parte media en la destilación, es la parte más rica y pura de esta.

Posteriormente, se envejece reduciendo su grado alcohólico a 40°, que es como se comercializa. Las barricas utilizadas para su envejecimiento deben ser de roble hechas a mano; estas deben tener un espacio vacío para que el licor esté en contacto directo con el aire. Este licor permanecerá en barrica al menos dos años, aunque normalmente suelen superar este límite.

El **armañac** es el aguardiente de vino de la zona de Armagnac (Francia), muy parecido al coñac pero de inferior graduación alcohólica en origen (63°, a diferencia del coñac que es de 70°), que se elabora en una sola destilación por el proceso continuo.

El ***brandy*** es el nombre que se le da al coñac elaborado fuera de Francia. Los elementos más importantes para producir un *brandy* de calidad son la uva, la fermentación, el destilado y el envejecimiento. Los *brandies* más consumidos en España son:

- **Brandy de Jerez:** elaborado a partir de la variedad de uva Aíren y se deja envejecer en botas jerezanas que han contenido vino de Jerez por el sistema de criaderas y soleras.
- **Brandy del Penedés:** es muy parecido al coñac francés. Las uvas más empleadas para su elaboración son Macabeo, Xarelló y Parellada. Se elaboran con vinos blancos muy ácidos y con poca graduación alcohólica. El envejecimiento puede hacerse tanto por soleras como de forma estática (dejar el licor en la misma barrica sin moverlo).

Aunque no se establece como norma el tipo de vaso utilizado para el servicio de brandy, la denominada copa de balón previamente atemperada permite el desarrollo aromático de esta bebida durante su consumo.

Tequila

El tequila procede de la ciudad de Tequila (condado de Jalisco), de ahí el nombre con el que se conoce mundialmente a este aguardiente.

El tequila se obtiene de una variedad de cactus llamado *ágave* o *magüey*. Se cortan las hojas de los cactus, se trocean y se hornean para obtener su jugo, denominado aguamiel o pulque; cuando se destila este líquido se conoce como mezcal. Se deja fermentar durante varios días, se añaden levaduras y se destila. Se utilizará una destilación continua si se quiere obtener un tequila simple y una destilación doble, desechando cabezas y colas, para obtener un tequila de calidad. Posteriormente, permanecerá en barricas de madera de encina y de roble americano para su envejecimiento.

Sabía que...

También se denomina mezcal al tequila elaborado fuera de la región de Jalisco. En la botella de mezcal normalmente se introduce un pequeño gusanito llamado juanito.

En Méjico se bebe acompañado de otro vaso con una mezcla de zumo de naranja, vinagre, especias, chiles y agua denominado "sangrita". También puede tomarse combinándose con cerveza o acompañado de limón y sal.

2.2. Aperitivos

Los aperitivos son bebidas que poseen una doble función, la de abrir el apetito y la de facilitar la digestión de la comida. Por ello, en algunos países se considera casi un rito realizado antes de las comidas.

Cabe destacar entre algunos de los aperitivos más consumidos el martini, el cinzano o el campari, entre otros.

Se pueden clasificar en tres grupos:

- *Bitters* **o amargos.** Se denominan *bitters* a aquellas bebidas de sabor amargo. Este se consigue combinando distintas plantas, raíces y cortezas.
- **Anisados.** Estos son el sustituto de la Absenta. Se obtienen mezclando alcohol de 45 % con azúcar y extractos de regaliz.
- **Vermuts.** Es el aperitivo más consumido. Están hechos a base de vino blanco con la adición de un almíbar, una infusión de sustancias aromatizantes y alcohol.

Estas bebidas se suelen consumir solas, acompañadas de hielo. No obstante, también se utilizan en combinados y en coctelería.

2.3. Cerveza

La cerveza es una de las bebidas más antiguas; su origen se remonta al siglo VII a. C. en Mesopotamia y Egipto. Los monjes popularizaron esta bebida en la Edad Media, dándose a conocer en toda Europa.

Según la Reglamentación Técnico-Sanitaria española, se define la cerveza como:

Bebida resultante de fermentar, mediante levadura seleccionada, el mosto procedente de malta de cebada, solo o mezclado con otros productos amiláceos transformables en azúcares por digestión enzimática, sometido previamente a un proceso de cocción y aromatizado con flores de lúpulo, sus extractos y/o sus concentrados. Su graduación alcohólica no será inferior al 3 % en masa y el extracto seco primitivo no será inferior al 11 % en masa.

Los ingredientes básicos de la cerveza son:

- **Malta:** es el resultado de un proceso aplicado a la cebada, el cual, es un cereal de grano alargado y de extremos puntiagudos. No es el único cereal utilizado en la elaboración de la cerveza, pero sí el más usado.
- **Lúpulo:** es una sustancia muy aromática que le da a la cerveza la estabilidad, amargor y ayuda a la formación de la espuma.

- **Agua:** debe ser potable, insípida e inodora, se necesita abundante agua para la elaboración de la cerveza.
- **Levaduras:** gracias a ellas se produce la conversión de los azúcares en alcohol y anhídrido carbónico.

El color de la cerveza se relaciona principalmente con el tipo de malta utilizada, afectando al sabor, color, carácter, etc.

Existen multitud de tipos de cerveza, más o menos oscuras, negra, más o menos doradas, elaboradas con fermentación baja o alta, con alcohol, sin alcohol, *light,* entre otras. Se recomienda servirla muy fría, sola o acompañada de algún otro elemento (gaseosa, refresco, etc.).

2.4. Vino

Siempre se acostumbra a asociar una buena comida a una botella de vino, ya que con la amplia variedad de tipos de vino, se puede asegurar que existe un tipo de vino para cada tipo de comida.

En España, se considera el vino como la bebida ideal para acompañar y resaltar la textura y sabor de la mayoría de los alimentos. El fin que se pretende lograr es resaltar las características del vino y de los alimentos, evitando que se neutralicen y superpongan sensaciones y sabores. Por todo esto es fundamental llevar a cabo un buen **maridaje.**

Definición

Maridaje
Proceso de casar los alimentos con el vino para realzar los sabores y aromas de la comida y el vino, tiene que haber armonía entre ambos elementos.

El elemento básico del vino es el jugo de la uva.

El mosto extraído de las uvas se introduce en depósitos de madera o acero inoxidable a temperaturas altas para que comience la fermentación alcohólica; en el caso de los blancos esta se realizará habiendo separado anteriormente el jugo de los hollejos y pieles, mientras que en el tinto se introducirá el jugo junto con las pieles y hollejos, de aquí la diferencia del color. La fermentación se produce gracias a las levaduras que convierten el azúcar en anhídrido carbónico y alcohol.

Se pueden diferenciar, fundamentalmente, tres tipos de vino:

- **Vinos tranquilos:** tintos, rosados y blancos.
- **Vinos licorosos:** finos, dulces y otros vinos especiales.
- **Vinos espumosos:** contienen gas, ya sea añadido o endógeno.

El color del vino se debe a la fermentación del jugo de la uva junto con los hollejos y pieles.

Un buen vino es recomendado tomarlo solo, para apreciar todas sus cualidades y aromas. Pero existen algunos tipo de vinos que, por una calidad inferior, se emplean en la elaboración de sangrías o tintos de verano, muy comunes en España.

2.5. Bebidas no alcohólicas

En el bar, además de las bebidas con alcohol, también se sirven bebidas que no contienen alcohol, entre ellas se puede destacar el café, chocolate, infusiones, agua, refrescos, zumos, batidos, sorbetes, granizados y helados.

Café

El café tiene su origen en África Tropical, principalmente en Etiopía, gracias a sus propiedades estimulantes su consumo se extendió con rapidez.

El tipo de tostado (torrefacto o no torrefacto), así como la molienda y presión son determinantes en la calidad de un servicio de café.

El grano de café se extrae de una planta llamada cafeto, existen dos tipos muy distintos:

- **Arábica:** sus granos son verdes, grandes y ovalados. De esta delicada planta se consiguen los mejores cafés, de gran calidad.
- **Robusta:** es más resistente, sus granos son pequeños, irregulares y marrones. Los cafés que se elaboran con este cafeto son de un sabor fuerte y amargo.

Existen diferentes tipos de café según la mezcla y el tueste. En las mezclas se deben diferenciar tres aspectos básicos: el cuerpo, la acidez y el aroma. El cuerpo da fuerza y plenitud al café, mientras que la acidez da sensación picante. Para obtener un buen café es fundamental el tueste del grano, este puede ser natural o torrefacto. La diferencia que hay entre ellos es que en el tueste torrefacto se añade azúcar o glucosa antes de finalizar el tostado del grano, mientras que en el natural no se añade azúcar.

En el siguiente cuadro aparecen los tipos de café más frecuentes en el bar.

Tipo	Composición	Servicio
Café solo	Solo café	Se sirve en taza y plato de moka
Piccolino	Café solo muy concentrado y corto	Se sirve en taza y plato de moka
Americano	Café solo y agua caliente	Se sirve el café en una taza con su plato junto con una jarrita de agua caliente para que el cliente se sirva a su gusto.
Cortado	Café solo con unas gotas de leche, generalmente fría.	Se sirve en taza y plato de moka
Café con leche	Café y leche a partes iguales	Se sirve en taza mediana o de café con leche, y su plato.
Capuchino	Café solo con espuma de leche, se puede adornar con polvo de cacao, café o canela.	Se sirve en taza de café con leche o vaso mediano de cristal.

Continúa en página siguiente >>

<< Viene de página anterior

Tipo	Composición	Servicio
Café irlandés	Se pone en un copa un poco de *whisky* con azúcar moreno y se calienta, se añade un café solo y a continuación espuma de leche o nata semimontada muy despacio para evitar que se mezcle con el café.	Se sirve en una copa de café irlandés con su plato de café con leche junto con un servilleta de té, se suele acompañar con una pajita.
Café vienés	Café solo con nata montada	Se sirve en una taza y plato de café con leche o vaso de cristal.
Café brulé o diablo	Se calienta un poco de *brandy* o coñac con piel de limón, se añade un café solo y en una cucharita se coloca un azucarillo impregnado del anterior preparado, se le prende fuego y se añade al café.	Se sirve en un vaso de cristal.

En un bar el café es una de las bebidas que más se consumen, por ello es fundamental el agua que se utilice para su preparación, el tipo de cafetera, la cantidad de café en cada dosis, el prensado, etc. Así por ejemplo, si se quiere un café más concentrado, se prensa el café con más fuerza.

Chocolate

El origen del cacao es el fruto del *Theobroma* cacao mejicano, que al fermentarse, secarse y tostarse se obtiene la manteca de cacao, el cacao en polvo, el chocolate para tomar y el chocolate para repostería. Los elementos básicos que van a estar presentes en todos estos tipos de chocolate son el cacao, manteca de cacao, azúcar y especias como la canela y la vainilla.

El chocolate que se utiliza en el bar es el chocolate para tomar, que se compone de cacao en polvo, fécula de maíz, azúcar y en algunos casos vainilla.

Hay varias formas de preparar el chocolate, las más frecuentes son:

- **A la española:** con agua o leche, quedando el chocolate muy espeso.
- **A la francesa:** con leche, quedando menos espeso.
- **Suizo o vienés:** igual que el chocolate a la francesa, solo que añadiendo nata montada.

Chocolate a la española

Infusiones

Las infusiones son el resultante de extraer los principios solubles de ciertas sustancias. Esto se consigue por el reposo de las hojas en agua caliente, sin hervir durante unos instantes.

Las plantas más utilizadas para hacer infusión son el té, manzanilla, menta-poleo y tila.

Además de las indicadas, otra gama de productos servidos como infusión son los rooibos, caracterizados por no poseer teína entre sus componentes.

? Sabía que...

Existe una bebida llamada verbena, que es el conjunto de varias infusiones (té, poleo y manzanilla), se sirve en una tetera con agua caliente.

El té

Su origen es de extremo oriente, se cultiva en Japón, India, China, etc. El té procede de un arbusto de hoja perenne de la especie *Thea*.

Hay numerosas variedades de té, dependiendo del clima, el terreno, la altitud y la temperatura del lugar donde se cultiva el té. Estos factores van a influir de manera significativa en la calidad, color, aroma y sabor del té.

En la elaboración de esta infusión, una vez recolectadas las hojas frescas de la planta del té, se dejan marchitar para que pierdan su humedad. Una vez secas las hojas, dependiendo del producto que se quiera conseguir, se seguirán diferentes pasos, en el caso del té verde se seca para impedir la fermentación, en cambio en el caso del té negro se provoca y controla la fermentación.

Los tés semifermentados se elaboran con hojas enteras, en este caso se lleva a cabo una fermentación incompleta. El té instantáneo o soluble se obtiene a partir del té negro y por la acción del calor se extraen las sustancias solubles del té y sus aromas, estos se concentran y se mezclan.

Hay muchas formas de preparar el té, los más comunes son:

- **Té solo:** té en una tetera con agua caliente.
- **Té con leche:** té en una tetera con agua caliente acompañado de una jarrita de leche fría.
- **Té con limón:** té en una tetera con agua caliente acompañado de una rodaja de limón en un platito.

- **Té frío o _Ice Tea:_** té en un vaso largo con hielo, azúcar y piel de limón.
- **Té marroquí:** se echa un poco de agua hirviendo con té verde en la tetera, se enjuaga y se desecha para calentar la tetera y darle aroma. Posteriormente se llena de agua hirviendo con el té verde. Se sirve en vasos de cristal con unas hojas de menta.
- **Té _shalimar:_** igual que el té con limón, pero en lugar de limón se añade una rodaja de naranja.
- **Té Everest:** igual que el té frío, añadiéndole trocitos de manzana y unas hojas de hierbabuena o menta.
- **Té a la americana:** té en una tetera con leche caliente.
- **Té a la rusa:** té muy concentrado con agua caliente endulzado con mermelada o azúcar.
- **Té a la japonesa:** té verde en polvo en una tetera con agua a punto de hervir y remover con un batidor de bambú.

 Importante

Si se deja reposar una infusión de té más de cinco minutos se consigue disminuir su contenido en teína, es decir, se obtiene un té menos estimulante.

La manzanilla

La manzanilla es una planta silvestre de la familia de la camomila, sus flores son parecidas a las margaritas, de sabor amargo y agradable olor. Se toma en infusión y es muy consumida sola o con unas gotas de anís por sus propiedades medicinales.

Menta-poleo

La menta-poleo pertenece a la familia de las labiadas, es una de las especies más conocidas del género _Mentha_.

Crece bien en sitios húmedos o junto a cursos fluviales, donde se la encuentra silvestre entre gramíneas y otras plantas. Tiene sabor y aroma mentolado. Se prepara en una tetera con agua caliente.

El menta-poleo es una hierba medicinal que tiene muchas propiedades y usos para el organismo. Actualmente las propiedades más conocidas son las que tienen relación con el aparato digestivo.

La tila

Se obtiene de la flor del tilo, este árbol pertenece a la familia de las tiliáceas, de las que se conocen unas treinta especies distintas, sus hojas son caducas. Se toma como digestivo y sedante. Se sirve en tetera con agua caliente.

Agua

El agua es el líquido que combina dos volúmenes de hidrógeno por uno de oxígeno (H_2O). El agua debe ser insípida, inodora e incolora.

El agua es una de las bebidas más consumidas en el bar, existen, incluso, establecimientos que ofrecen carta de aguas. Las más consumidas son:

- Aguas minerales naturales.
- Aguas de manantial.
- Aguas preparadas.
- Aguas carbonatadas o con gas.

El agua es la bebida fundamental e imprescindible para vivir y tener buena salud.

Refrescos

Son unas bebidas refrescantes elaboradas con extractos de frutas o colas, gasificadas (añadiéndole anhídrido carbónico) o no. Son bebidas sin alcohol, generalmente con azúcar.

Existen muchos tipos de refrescos, estos pueden ser de cola, de naranja de limón, *light*, sin cafeína, tónica, *ginger ale*, etc. Se pueden servir solas, con hielo o acompañadas de otra bebida, normalmente que contenga alcohol.

Sabía que...

El refresco más conocido mundialmente, la Coca-cola, fue creado por John Pemberton como una medicina en el siglo XIX.

Zumos

Los zumos que se sirven en el bar pueden ser envasados o naturales. Los zumos envasados se obtienen de frutas y/o vegetales con olor, aroma y sabor típicos del fruto o vegetal del que procedan, se les suele añadir agua potable o mineral y azúcar.

Los zumos naturales se obtienen al exprimir o licuar la fruta o vegetal sin añadir nada más. Las formas más frecuentes de preparar zumos naturales en un bar son:

- Utilizando **exprimidor o prensa.** Normalmente se usa para obtener el jugo de cítricos (naranja, pomelo, limón, lima, etc.).

Los denominados zumos naturales no podrán ser adicionados con ningún ingrediente.

■ Utilizando la **licuadora.** Se usa para obtener zumos de todo tipo de frutas o vegetales.

La licuadora permite la obtención de zumos y jugos de toda clase de frutas y verduras.

 Consejo

Los zumos naturales deben servirse y consumirse inmediatamente después de su elaboración, para que estos mantengan sus propiedades, vitaminas, etc.

Batidos

Básicamente existen dos grandes grupos de batidos. El primero de ellos son los que se elaboran a base de fruta fresca, zumo de frutas o leche y siropes. El segundo grupo de batidos se elabora con helado, leche y sirope.

Aunque el término batido se asocia con el empleo de elementos lácteos al conjunto, no siempre es así, pudiendo sustituir esta por jugos de frutas carnosas como el plátano, la papaya, etc.

Sorbetes

El sorbete se obtiene mediante la mezcla de zumo de frutas, licores o infusiones y un almíbar. En ocasiones se les puede añadir claras montadas o merengues.

Este tipo de helado se toma como postre o en mitad de dos platos con el fin de facilitar la digestión y predisponer al paladar para disfrutar del sabor de otros platos. Debe ser poco azucarado y ligeramente acidulado.

Existe gran variedad de sorbetes según los ingredientes utilizados, pudiendo ser de naranja, mandarina, limón, café, etc. Estos pueden ser con alcohol o sin alcohol.

La elaboración de sorbetes no incluirá ingredientes grasos en su elaboración.

 Sabía que...

El sorbete tiene su origen en oriente, los aristócratas chinos y árabes tomaban bebidas de frutas heladas. Los califas de Bagdad llamaron a esta bebida *sharbets,* de ahí el nombre de sorbete.

Granizados

El granizado es una bebida helada, elaborada de la misma forma que el sorbete pero menos dulce. Debe su nombre a su aspecto granulado.

Existen distintos tipos y se compone principalmente de jugos de frutas y jarabe, se congela y se tritura con una máquina de picar hielo. Los cristales de hielo deben ser evidentes y la mezcla debe ser menos consistente que la de los sorbetes.

Café servido con textura de granizado, en el que se observan los cristales de hielo, característicos de esta preparación.

 **Recuerde**

Es muy común confundir los granizados con los sorbetes, por ello, es importante recordar sus características: son menos dulces, la mezcla es menos consistente y los cristales de hielo son evidentes.

Helados

El helado tiene como base una crema inglesa sola o acompañada de diferentes ingredientes, como el café, chocolate, pasas, frutas confitadas, etc. Después se enfría y se introduce en la heladera hasta que adquiere una consistencia sólida, suave y esponjosa. El helado normalmente se toma como postre.

Los helados pueden presentarse, entre otras, de distintas formas:

- Helado de corte.
- Helado de tarrina.
- Cornete de helado.

- Bomba helada (vainilla rellena de miel y cubierta de chocolate).
- Banana *split* (tres bolas de helado con sirope de frambuesa o caramelo, un plátano, nata montada y guindas).

El soporte o recipiente utilizado para el servicio de los helados determinará su nombre característico.

2.6. Alimentos no perecederos

Los alimentos no perecederos son aquellos que por sus características, se conservan almacenados por un largo tiempo, es decir, tienen una vida prolongada. Estos se suelen almacenar en el economato, salvo en algunos casos que se almacenan en cámaras.

Los más utilizados son: grasas, arroces, legumbres y pastas.

 Importante

Aunque las grasas se consideran productos no perecederos hay que tener especial cuidado con las mantequillas y margarinas, ya que necesitan de la aplicación de frío para su correcta conservación.

Grasas

El principal uso de estos elementos está en el cocinado de alimentos, ya que actúa como medio transmisor de calor, además de aportar sabor.

No obstante, también se emplean en la elaboración de salsas y aliños, aplicados directamente sobre el alimento.

Se clasifican en:

- **Animales:** manteca de cerdo, mantequilla.
- **Vegetales:** aceite de oliva, aceite de girasol, aceite de soja, margarina.

Pese a ser consideradas productos no perecederos, su almacenamiento aconseja lugares oscuros, así como ambientes fríos, evitando la oxidación de sus vitaminas, así como la aparición de sabores rancios.

Arroces

Es un género que posee múltiples aplicaciones en la cocina, de ahí su importancia.

Existen diferentes formas de elaborar el arroz. Entre ellas se encuentran los arroces fritos, en los cuales se fríe ligeramente en aceite vegetal.

Se suele clasificar según su procesado, así se tiene:

- Arroz integral.
- Arroz blanco.
- Arroz vaporizado.
- Arroz salvaje.

Aunque también es posible clasificarlos según su forma:

- Arroz redondo.
- Arroz de grano largo.
- Arroz de grano corto.

El cocinado con un líquido enriquecedor (como fondos, *fumets*) acompañados de otros elementos, dan como resultado paellas, *risottos,* etc. Aplicando vapor de agua y cociéndolo al vapor. Incluso se utilizan en la elaboración de postres, como el clásico arroz con leche.

Las características del grano de arroz serán determinantes atendiendo al tipo de elaboración a afrontar con el fin de obtener resultados óptimos.

Sabía que...

El arroz es el segundo alimento más consumido en todo el mundo.

Legumbres

Se pueden encontrar frescas y secas. Estas últimas son las más utilizadas debido a su variedad y a la amplia versatilidad de preparaciones.

Algunas características de este género, en cuanto a su preparación, es que necesitan una larga cocción además de un remojo prolongado previo. Este tiempo se puede acortar con la utilización de ollas a presión en su cocinado.

El tipo de legumbre utilizado dará nombre al guiso o elaboración, siendo en muchas ocasiones característico, como por ejemplo los judiones de la granja.

Las aplicaciones son muy variadas y adaptables para cada tipo de temporada. En invierno son utilizadas para todo tipo de sopas y potajes, mientras que en épocas estivales son ideales para elaboraciones como ensaladas y salteados.

Las legumbres más destacadas son:

- Garbanzos.
- Lentejas.
- Judías.
- Habas.

Pastas

Este producto a base de harina, se puede encontrar tanto seco como fresco. Esto dependerá de la adición de agua o de huevo y del método de conservación aplicado.

Por sus características, los gnoquis se pueden describir junto con la pasta, siendo elaboradas a base de patata, huevo y harina como ingredientes principales.

Tanto una como otra se clasifica según su forma, obteniendo:

- **Pastas laminadas:** espaguetis, *fettuccine, linguine.*
- **Pastas trefiladas:** *farfalle,* macarrones, *gnochi.*
- **Pastas rellenas:** *tortellini,* ravioli, *capelletti.*

La pasta se cuece en agua en ebullición a punto de sal, siendo su cocción ideal "al dente". Pasee gran cantidad de aplicaciones, ya que admiten gran cantidad de salsas y acompañamientos.

? Sabía que...

El origen de la pasta siempre ha sido un tema muy debatido, disputado entre Italia y Arabia, hasta el descubrimiento en China de un tazón de barro con restos de fideos, atribuyéndole la primera producción de pasta al país asiático.

2.7. Alimentos perecederos

Son aquellos que, debido a sus características, se corrompen con facilidad y deben almacenarse y conservarse en unas condiciones de frío adecuadas. Es decir, tienen una vida corta. Es por ello, que se recibirán siempre con las mejores condiciones de frescura y calidad.

Entre los principales productos perecederos más comunes se encuentran: productos lácteos, huevos, verduras y hortalizas, frutas, carne y pescados.

La temperatura de refrigeración de los alimentos frescos se corresponderá con su naturaleza.

Productos lácteos

Los productos lácteos más utilizados en un restaurante-bar son la leche y el queso.

*La temperatura de refrigeración de los alimentos
frescos atenderá a su naturaleza, siendo para los
productos lácteos la comprendida entre 2 y 4 ℃*

 Importante

En el bar, es recomendable utilizar leche especial de hostelería, ya que suele ser semidesnatada, para así evitar la creación de la incómoda nata en las bebidas calientes pero conservando el sabor y textura propia de la leche, además de poseer un envase apropiado y cómodo de manejar.

La leche es usada tanto en el bar, en la elaboración de diferentes bebidas; como en la cocina, siendo base de muchas salsas, postres y demás preparaciones.

Se clasifica según su porcentaje en grasa:

- Entera.
- Semidesnatada.
- Desnatada.

El queso es usado tanto como base de preparaciones como de complemento de estos. Teniendo en cuenta el tiempo de maduración se clasifican en:

- Queso fresco.
- Queso tierno.

■ Queso semicurado.

■ Queso curado.

■ Queso viejo.

Huevos

Son un producto fundamental en la cocina debido a que son base de multitud de preparados, como salsas, cremas, etc., y también funcionan como elemento principal de muchos platos. Las formas más comunes de prepararlos son:

■ Fritos.

■ Pasados por agua.

■ Escalfados.

■ Revueltos.

■ En tortilla.

■ Duros.

■ Al plato.

■ *Mollets.*

 Sabía que...

Los huevos, además de su uso culinario, también son utilizados en la elaboración de algunos cócteles internacionales, como el *Porto flip* o el Florida *egg-nog,* entre otros muchos.

Verduras y hortalizas

Algunas de las características de las hortalizas y verduras es que poseen una amplia gama de formas, sabores y métodos de cocinado. Además, gracias a sus propiedades, facilitan la digestión.

Según la parte comestible, las verduras y hortalizas se clasifican en:

- **Frutos.** Berenjena, pimiento, maíz dulce...
- **Bulbos.** Cebolla, chalota, ajo...
- **Coles.** Berza, brócoli, col de bruselas...
- **Hojas y tallos tiernos.** Espinaca, lechuga, acedera, endivia...
- **Inflorescencia.** Alcachofa
- **Legumbres verdes.** Guisante, haba, judía, tirabeque...
- **Pepónides.** Calabacín, pepino, calabaza...
- **Raíces.** Apio, achicoria, chirivía, rábano, zanahoria...
- **Tallos jóvenes.** Apio, espárrago de huerta y triguero.

*Recuerda, atendiendo a su parte comestible, el ajo y la
cebolla son un ejemplo de verduras de bulbo.*

Son muchas las aplicaciones que las hortalizas aceptan. Las más usuales son:

- Al natural.
- Salteadas.
- Rellenas.
- Gratinadas.
- A la provenzal.
- Licuadas.

Frutas

El uso de este género es tan común en la cocina como en el bar y en ninguno de los dos departamentos es de menor importancia.

En la cocina es base de muchos preparados así como de acompañamiento de otros.

Cócteles como el Bloody mary, tienen entre sus principales ingredientes el zumo de verduras, en este caso de una verdura de fruto como es el tomate.

En el bar, las aplicaciones más comunes son los zumos naturales o los batidos.

Se pueden clasificar según varios parámetros. Por ejemplo, según su semilla:

- **De hueso:** melocotón, cereza, ciruela.
- **De pepita:** manzana, membrillo, pera.
- **De grano:** higo, fresa.

A su vez, otros grupos comprenden:

- **Frutas cítricas:** naranja, lima.
- **Frutas tropicales:** kiwi, piña, mango.
- **Frutas del bosque:** frambuesa, arándano.
- **Frutos secos:** nueces, almendras.

Carnes

Este género tan apreciado en la cocina, tendrá unas aplicaciones adecuadas a la categoría que posea, siendo estas:

- Extra.
- Primera.
- Segunda.
- Tercera.

Teniendo en cuenta esta clasificación, las carnes de categoría extra y primera (solomillo, lomo, etc.) se emplearán normalmente para parrillas y salteados; las de segunda (morcillo, llana, etc.) para guisos y braseados; y las de tercera (rabo, pecho, etc.) para sopas, caldos y estofados.

Las características de los platos o elaboraciones relacionadas con el servicio de bar-cafetería, hacen que se use principalmente cortes de primera categoría que requerirán de cocciones rápidas, normalmente a la plancha o parrilla, formando parte de platos combinados, servicios de bocadillos y sándwiches.

Pescados

Este producto se está convirtiendo en uno de los más utilizados, ya que posee multitud de aplicaciones y además tiene casi las mismas propiedades que los animales terrestres.

En su contra tiene que es un género muy perecedero, por lo tanto, habrá que tener siempre muy en cuenta un grado óptimo de frescor y conservación adecuada.

En el servicio de bar-cafetería se utilizan tanto el servicio de pescados magros como grasos, pudiendo emplear diferentes técnicas de cocción como a la plancha o parrilla y gran fritura, o técnicas culinarias como el marinado o ahumado, presentes en la elaboración de platos combinados, bocadillos, aperitivos, etc.

Se suelen clasificar según su porcentaje en grasa, teniendo:

- **Pescado blanco o magro:** su porcentaje en grasa ronda el 2 % (merluza, bacalao, rape).
- **Pescado semigraso:** su porcentaje en grasa oscila entre 2 y 5 % (besugo, dorada, salmonete).
- **Pescado azul o graso:** con un porcentaje en grasa de 6 a 12 % (atún, sardina, caballa).

Entre sus formas de consumo más comunes se encuentran cocido, a la parrilla, asado, en sopas, *mousses,* etc.

3. Clasificación comercial: formas de comercialización y tratamientos habituales que le son inherentes; necesidades básicas de regeneración y conservación

Todos los géneros culinarios y bebidas se deben conservar y almacenar de manera que mantengan sus propiedades sin deteriorarse. Esto depende en gran medida de cómo se comercializan en el mercado, ya que dependiendo de la forma en la que se adquiere en producto, la forma de conservación será una u otra.

Es necesario conocer las diversas opciones que se tienen de adquirir un producto, tanto alimentos como bebidas, para elegir la más adecuada al establecimiento.

3.1. Bebidas

No todas las bebidas utilizadas en el bar se adquieren con la misma presentación. En función de sus características o del uso que se le quiera dar, cada tipo de bebida se encuentra en un estado distinto y necesitará una conservación conveniente. Normalmente, se les aplica frío (positivo) para que se conserven adecuadamente y el cliente las reciba en las mejores condiciones.

Entre las formas de comercialización más comunes de las bebidas se encuentran: embotelladas, enlatadas, en tetrabrik, en barril, entre otras formas de comercialización.

Embotelladas

El envase de estas suele ser de material plástico o vidrio y la capacidad dependerá del líquido que contenga.

Las bebidas en botellas de plástico o vidrio que no están envasadas a presión suelen ir cerradas mediante tapones de rosca, mientras que las que necesitan presión para ser envasadas, están cerradas por tapones de corona. En el caso del vino se usarán tapones de corcho adecuados.

En el caso del vino, la tonalidad del vidrio utilizado contribuye a su conservación protegiéndolo hasta su consumo durante su continua evolución

Las bebidas que pueden adquirirse embotelladas son:

- Bebidas alcohólicas: ron, *whisky, brandy,* licores, etc.
- Vinos.
- Refrescos.
- Zumos.
- Aguas.
- Batidos.
- Cervezas.

Enlatadas

Esta forma de comercialización está muy en auge debido a sus características: es muy ligera, protege el contenido de la luz, es resistente a la rotura, etc.

Entre las bebidas enlatadas más comercializadas se encuentran:

- Refrescos.
- Cervezas.
- Zumos.

El uso de envases de metal muestra ventajas tales como no alterar las características de los alimentos conservados, es hermético, ligero y resistente.

En tetrabrik

Es un envase muy valorado dado sus múltiples ventajas, entre ellas que protege la bebida durante más tiempo con necesidad de menos conservantes. Admiten una amplia variedad de formas y capacidades.

Los productos en tetrabrik más comunes son:

- Zumos.
- Lácteos.

El diseño y formato de los tetrabrik permiten su fácil almacenamiento además de proteger los alimentos en perfecto estado impidiendo la entrada de luz y aire, minimizando al mismo tiempo su oxidación.

 Sabía que...

El tetrabrick nació en Suecia en los años 50, y su nombre vino de los primeros envases con forma de tetraedro, para contener medio litro de leche, y su parecido con un ladrillo.Supuso una revolución en cuanto a ahorro y comodidad.

En barril

Estos envases, de gran capacidad, tienen un sistema por el cual la bebida sale por un grifo conectado a él en perfectas condiciones de temperatura y consumo. Se consigue gracias a la aplicación de frío al serpentín que recorre la bebida antes de salir con la ayuda de CO_2.

Las principales bebidas comercializadas en este formato son:

- Cerveza.
- Refrescos.
- Otras bebidas (tinto de verano).

La capacidad del barril utilizado podrá variar según nuestras necesidades, diferenciando volúmenes de 50, 30 y 15 litros.

 Sabía que...

Existen grupos en defensa del consumo de cerveza de barril, ya que su impacto medio ambiental es mucho menor al de la cerveza embotellada.

Otras formas de comercialización

A la hora de adquirir una serie de productos, no será posible ninguna de las formas citadas anteriormente. Es el caso del café y las infusiones.

Infusiones de hoja entera

Estos géneros, por lo general, se comercializan en dos formatos:

- En grano o molido, en el caso del café.
- De hoja entera o picado, en el caso de las infusiones.

3.2. Géneros culinarios

A la hora de clasificar los géneros culinarios se utilizará el mismo parámetro que para la clasificación de las bebidas, es decir, según su forma de comercialización en el mercado.

Para ello se utiliza el sistema de las gamas alimentarias:

- **Primera gama.** Son los alimentos frescos, o aquellos que han sufrido una conservación tradicional como salazón, secado, etc.

Se trata de productos frescos, que no han sufrido ningún tratamiento higienizante, por lo que normalmente son muy perecederos requiriendo refrigeración para su conservación.

- **Segunda gama.** Los que se han sometido a un tratamiento térmico y se han cerrado herméticamente para alargar su conservación. Se trata de las conservas.

Se trata de productos sometidos a procesos de esterilización, cerrados herméticamente permitiendo periodos de conservación de hasta años. (© Fotografía: Warren Price Photography / Shutterstock.com)

■ **Tercera gama.** Son todos los productos congelados o ultracongelados.

La conservación y comercialización de esta gama de productos requiere un control exhaustivo de la temperatura evitando las fluctuaciones que lo puedan deteriorar.

■ **Cuarta gama.** Se trata de frutas frescas y hortalizas preparadas para su consumo (lavadas, peladas, cortadas, etc.) comercializadas bajo cadena de frío estando listas para su consumo, no requiriendo ningún tratamiento térmico.

*La comercialización de esta gama de productos se llevará a cabo
en refrigeración, siempre por encima de los 0°C.*

■ **Quinta gama.** Se trata de producto que han sido sometidos a tratamientos tecnológicos como son los tratamientos térmicos para su cocinado, tratamientos de envasado y refrigeración, siendo comercializados como alimentos listos para su consumo, requiriendo únicamente una regeneración. Su conservación se llevará a cabo en refrigeración, nunca en congelación, pudiendo estar compuestos desde elaboraciones con base de verduras cocidas hasta platos preparados con vase de arroz, pescado, carne, etc.

Su envasado utliza atmósferas protectoras, incluyendo el vacío, siendo alimentos muy seguros que evitan la contaminación, siempre que se lleve a cabo una correcta regeneración.

*El diseño de los envases podrá facilitar su regeneración, siendo un aspecto a tener
presente ante su comercialización.*

Aplicación práctica

El restaurante en el que usted trabaja como jefe de economato, va a realizar algunas incorporaciones nuevas en su oferta:

I Carne a la parrilla
I Ensalada de hojas variadas
I Té marroquí
I Cóctel *Bloody Mary*

¿Qué géneros tendrá que añadir al pedido habitual y en qué forma de presentación o gama alimentaria los recibirá?

SOLUCIÓN

Necesitará los siguientes géneros:

Para la carne a la parrilla se requerirán carnes de categoría extra o primera, como solomillos, entrecot, lomo, etc. Se recibirán en 1.ª o 4.ª gama.

Para la ensalada de hojas variadas, lo ideal sería pedir bolsas de ensalada las cuales ya vienen lavadas y cortadas y con variedad de hojas mezcladas (4.ª gama). También se pueden adquirir las piezas de lechuga enteras y procesarlas en el departamento correspondiente (1.ª gama).

Para el té marroquí se necesita te verde, ya sea en hojas enteras o picadas, y menta o hierbabuena fresca (1.ª gama).

Para el Bloody Mary se pedirá vodka embotellado, zumo de tomate, ya sea en tetrabrik o embotellado; limón fresco (1.ª gama) y salsa Perrins y tabasco embotellado (además de sal y pimienta).

 Aplicación práctica

Imagine que quiere poner en marcha un negocio de restauración, en concreto un café/pub, especializado en todo tipo de bebidas, tanto alcohólicas como no alcohólicas, frías y calientes. El primer pedido que ha realizado es el siguiente:

I Diferentes tipos de destilados.
I Café e infusiones.
I Refrescos y aguas.
I Vino.
I Leche.
I Huevos.
I Fruta variada.

Analice y justifique si el pedido es adecuado, señalando sus aplicaciones y otros posibles artículos que sería recomendable adquirir.

SOLUCIÓN

Todos los géneros que ha solicitado son adecuados debido a que son productos utilizados directa o indirectamente por el establecimiento con las siguientes aplicaciones:

I Destilados: para servirlos solos, en combinados o en la elaboración de cócteles.
I Café e infusiones: para realizar diferentes tipos de bebidas calientes.
I Refrescos y aguas: para servir solos o en combinados.
I Vino: para servirlo solo.
I Leche: para la elaboración de bebidas calientes y batidos.
I Huevos: para la elaboración de algunos cócteles.
I Fruta variada: para elaborar distintos batidos y zumos naturales.

Otros géneros que sería acertado adquirir:

I Cerveza, ya que es una bebida muy demandada.
I Aperitivos, tanto amargos, como anisados y vermuts.
I Helados, para la elaboración de batidos de helado o servir solos.
I Nata y siropes, para el acompañamiento de ciertas bebidas calientes, batidos o helados.

4. Resumen

En un bar son muchos los productos que se ofertan, dependiendo del tipo de establecimiento esta oferta puede variar, cada empresa hostelera elegirá el tipo de alimentos y bebidas que va a ofrecer a sus clientes.

Las bebidas más utilizadas en el restaurante-bar serán los destilados, el vino, la cerveza, el café, las infusiones, las bebidas no alcohólicas y el agua. Estas bebidas se pueden encontrar en el mercado de diferentes formas, ya sean embotelladas, enlatadas, en tetrabrik, en barril, etc.

En cuanto a los géneros culinarios destacan los productos lácteos, los arroces, las carnes, las conservas, el pescado, las hortalizas, etc. Estos productos se clasifican, en cuanto a su forma de comercialización, en productos de primera, segunda, tercera, cuarta y quinta gama.

Es importantísimo conocer las características del establecimiento así como la oferta y los clientes, para realizar una buena elección de qué géneros son los más adecuados y de qué manera se pueden adquirir.

Ejercicios de repaso y autoevaluación

1. Indique de las siguientes frases, cuál es verdadera o falsa.

a. La destilación es la transformación de los líquidos en vapor para volverlos enseguida a estado gaseoso por calentamiento.

☐ Verdadero
☐ Falso

b. La ginebra es el aguardiente obtenido por la destilación de un mosto de cereales (maíz y cebada malteada), rectificado y aromatizado con bayas de enebro y otras sustancias.

☐ Verdadero
☐ Falso

c. Se pueden diferenciar, fundamentalmente, tres tipos de vino: vinos tranquilos (tintos, rosados y blancos), vinos licorosos (finos, dulces y otros vinos especiales) y vinos espumosos (contienen gas, ya sea añadido o endógeno).

☐ Verdadero
☐ Falso

d. El té y demás infusiones solo se pueden adquirir en hojas enteras.

☐ Verdadero
☐ Falso

2. Los brandies más consumidos en España son:

a. El *brandy* y el cognac.
b. El armañac y el *brandy* del Penedés.
c. El *brandy* de Jerez y el *brandy* del Penedés.
d. El *brandy* de Rioja, el *brandy* de Jerez y el armañac.

3. **Algunos de los productos perecederos más usados son:**

    a. Legumbres, arroz y frutas.
    b. Carnes, huevos y hortalizas.
    c. Pastas y productos lácteos.
    d. Todas las opciones son correctas.

4. **Entre las bebidas que se comercializan enlatadas destacan...**

    a. ... la cerveza y licores.
    b. ... la cerveza y refrescos.
    c. ... los refrescos y el vino.
    d. ... el agua y la cerveza.

5. **¿Qué es un café vienés?**

    a. Café solo con un poquito de *brandy* y una corteza de limón.
    b. Café solo y leche condensada.
    c. Café solo con nata montada.
    d. Café solo con espuma de leche.

6. **Señale qué artículo pertenece a la 4.ª gama de alimentos:**

    a. Atún en conserva.
    b. Lomos de merluza congelados.
    c. Apio cortado y envasado.
    d. Pollo asado y envasado.

7. Identifique 6 productos no perecederos:

L	Ñ	S	L	J	K	A	O	P	R
E	L	E	F	O	O	C	M	A	A
N	W	N	N	Z	B	E	X	E	V
T	A	O	O	Q	R	I	R	N	I
E	C	R	Y	V	E	T	I	A	O
J	R	R	D	A	N	E	J	P	L
A	X	A	L	I	G	H	J	T	I
S	C	C	P	H	U	E	V	O	S
V	H	A	Z	E	T	G	N	O	U
O	I	M	J	U	D	I	A	S	H

8. ¿Cuál es la forma más común de preparar los huevos?

a. Fritos, duros y *mollets.*
b. Escalfados, pasados por agua y revueltos.
c. En tortilla y al plato.
d. Todas las opciones son correctas.

9. ¿Qué es el *Banana Split?*

a. Un tipo de presentación de helado.
b. Un tipo de batido.
c. Un refresco.
d. Un tipo de café.

10. ¿Cuál es la forma más frecuente de preparar un zumo natural en un bar?

a. Utilizando licuadora.
b. Utilizando un exprimidor.
c. En el bar no se pueden servir zumos naturales, todos vienen ya envasados.
d. Las opciones a y b son correctas.

Capítulo 3
Desarrollo del proceso de aprovisionamiento interno en el restaurante-bar

Contenido

1. Introducción

Para realizar un buen aprovisionamiento interno de un restaurante-bar se van a utilizar una serie de impresos que van a facilitar estas tareas; ya que sirve como método de comunicación entre los distintos departamentos de la empresa.

Lo más recomendable es seguir un circuito documental para evitar retrasos y confusiones, aunque en algunos establecimientos no se utilizan todos los documentos, sino que esta comunicación se efectúa cara a cara entre los profesionales que componen la empresa.

También hay que destacar la importancia que tiene realizar las operaciones básicas y el circuito documental del restaurante-bar de la forma más eficiente posible, rentabilizando el tiempo que se emplea para cada una de las tareas que forman parte de este proceso, como por ejemplo la *mise en place*, el postservico, etc.

La forma en la que se lleva a cabo estas operaciones va a influir de manera considerable en la percepción que el cliente tenga del servicio recibido, incrementado así la calidad del establecimiento.

2. Formalización y traslado de solicitudes sencillas

El circuito documental se utilizará para el aprovisionamiento interno del establecimiento hostelero. Es el recorrido que siguen los documentos para mantener una correcta comunicación entre los diferentes departamentos de la empresa.

Dependiendo del tipo de establecimiento que se trate, este recorrido documental puede variar; cada uno de ellos seguirá unas pautas establecidas por la dirección según sus necesidades y costumbres, consiguiendo así una comunicación eficaz entre sus departamentos. Aunque cada establecimiento establezca sus propias normas, lo más habitual es seguir unos procedimientos generales para el correcto funcionamiento de este circuito.

Los documentos que intervienen en este recorrido son los siguientes:

- **Vales de pedido o *transfers*.** Este documento va a permitir realizar traspasos de mercancías de un departamento a otro. El primer *maître* en el caso del bar-restaurante, o los jefes de los departamentos en los demás casos, rellenan este vale y lo entregan al economato donde retirarán la mercancía cuando esté preparada. Los traspasos de material también se pueden realizar entre departamentos, sin que sea necesario que intervenga el economato, el procedimiento será el mismo.

Vale de pedido a economato		De: ☐ Cocina ☐ Sala A: ☐ Economato ☐ Bodega	
Código artículo	Artículo	Cantidad	Unidad
Firma Jefe cocina/partida:	Firma maître/jefe sector:	Observaciones:	

Vale de pedido a economato

- **Comandas.** Es el soporte documental donde normalmente el *maître* anota la petición que realiza el cliente de los productos que componen la oferta del establecimiento. Este impreso consta de original y dos copias. El original se entrega al departamento de cocina para que prepare el pedido, el jefe de cocina archiva este documento para llevar un control del consumo diario de los productos utilizados. La primera copia se entrega a facturación para que se inicie el proceso de elaboración de la factura, este documento también se archivará para el control administrativo. La segunda copia se la queda el camarero en la sala para hacer el seguimiento de las mesas.

■ **Hoja de reservas.** El jefe de comedor recogerá este parte en recepción, en ella se especifican el número de personas que van a acudir al establecimiento, la fecha, la hora, etc. Con esta información el *maître* puede prever los productos que va a necesitar y por lo tanto los pedidos que debe realizar, también le permite organizar a su brigada en función de la cantidad de reservas y clientes.

Aparte de estos documentos, existe otro denominado **escandallo;** este se elabora en cocina y no pasa por ningún otro departamento, por lo que no forma parte del recorrido documental.

 Definición

---

Escandallo
Es el documento en el que se fija la composición de los costes de producción de un producto o servicio atendiendo a los factores que lo integran.

Este documento va a servir para conocer el margen de beneficio que se obtiene de un plato o bebida y poner precio al producto que se va a ofrecer a los clientes. Conociendo el coste de los materiales (alimentos o ingredientes, instalaciones, cocinero, etc.) y el precio de venta, se sabrá el porcentaje de beneficio que se va a obtener de ese plato.

El aprovisionamiento interno va a depender del tipo de establecimiento y productos que se ofrezcan, no será lo mismo un hotel con bufé y restaurante a la carta que un bar que solo ofrezca servicio de desayunos.

El departamento de sala o comedor dentro de un establecimiento hostelero es el responsable de la acogida, recepción y servicio a los clientes, así como el encargado de las reservas.

Importante

En gran medida, el éxito o fracaso del establecimiento va a depender de los profesionales que forman este departamento, ya que no debe olvidarse que el personal de comedor realiza su trabajo en contacto directo con el cliente, lo que puede generar serios problemas si el personal no está lo suficientemente preparado.

Al conjunto de personas que componen un departamento y cuya misión es el servicio y atención al cliente se le llama **brigada,** a cada una de estas personas le corresponde una categoría profesional distinta. Los componentes de la brigada de un restaurante son el primer *maître,* segundo *maître,* sumiller, jefe de sector, jefe de rango, ayudante y aprendiz.

3. Ejecución de operaciones en el tiempo y forma requeridos

En la ejecución de operaciones en un restaurante-bar es importante el tiempo que se invertirá en realizarlas para rentabilizar el trabajo y sacar el máximo provecho de los empleados.

Las operaciones básicas en las que se debe prestar mayor atención para aprovechar al máximo el tiempo y no se produzcan retrasos por desabastecimientos, insatisfacción del cliente por demora en el servicio, etc., se basan en el circuito documental.

Al realizar estas operaciones básicas de manera eficiente se consigue que aumente la calidad del servicio, esto se va a ver reflejado en la satisfacción del cliente.

3.1. Circuito documental

Los documentos que forman parte del circuito documental sirven para comunicarse entre los diferentes departamentos; esta comunicación debe ser clara, concisa y concreta, además de bien especificada para evitar confusiones que puedan ocasionar retraso en la recepción del pedido, el servicio, etc.

Para un buen funcionamiento del establecimiento es fundamental, como ya se ha indicado, una buena comunicación entre departamentos a través de los documentos interdepartamentales, pero también es muy importante que los profesionales que participan en esta comunicación redacten los impresos de forma clara y sencilla. Estas personas (el *maître,* jefe de cocina, encargado de economato, jefe de compras, sumiller, etc.) que participan en el proceso del circuito documental, por ejemplo rellenando los impresos, deben ser profesionales con la formación adecuada, ya que el trabajo que realizan con los documentos sirve como apoyo y garantía para la correcta comunicación entre las secciones.

Gran parte de las tareas a desempeñar durante el circuito documental recae en los responsables de cada departamento, aunque en momentos puntuales este trabajo puede desempeñarlo otro miembro de la brigada, por ejemplo en el departamento de bar el encargado de realizar esta tarea es el barman, aunque este puede delegar en uno de sus camareros bajo su supervisión.

Cada proceso habrá que realizarlo en un tiempo determinado, aunque no todos pueden hacerse en un tiempo ya establecido, como es el caso de la comanda que se realizará en el momento de la solicitud del cliente, en cambio el parte de ocupación en un hotel habrá que solicitarlo diariamente.

 Nota

Las tareas en las que se utilizarán las hojas de pedido y vales o *transfers* van a necesitar un tiempo estipulado, dentro de un horario establecido.

Pedidos

Cada establecimiento determina los horarios tanto del aprovisionamiento externo (proveedores) como del interno (entre departamentos).

El economato debe estar restringido a unos horarios, dentro de los cuales los proveedores dejan sus mercancías y los distintos departamentos tienen acceso a los productos que necesiten.

No es conveniente regirse por una política de "puertas abiertas", ya que no es rentable y puede producirse un descontrol de *stock.*

Para la entrada o salida de productos del economato es imprescindible que estos vayan acompañados de su justificante correspondiente.

Cada vez que un departamento necesite retirar un producto del economato, el responsable de hacerlo deberá entregar un vale justificando el traspaso del producto retirado.

 Importante

Se insiste en que nunca deberá sacarse del economato o bodega ningún artículo que previamente no esté justificado, evitando desajustes en la contabilidad del establecimiento.

Revisión de pedidos

Por su parte, el encargado de economato deberá tener siempre un control exhaustivo tanto de las entradas por parte de los proveedores como de las salidas que se produzcan a otro departamento.

Para ello, se apoyará en los diferentes documentos de control ya explicados. Estos son:

- Albarán.
- *Relevés.*
- Inventarios.
- Vales de pedido.

Gestión de *stocks*

Anteriormente se han explicado los conceptos de *stock* y *stock* mínimo. El encargado de economato debe tener especial cuidado con estos parámetros, no debiendo nunca llegar a la situación de *stock* mínimo. Es su deber conocer cuál es el punto de pedido óptimo para requerir productos a los proveedores.

 Definición

Punto de pedido
Es el nivel de existencias que exige un pedido nuevo para poder cubrir las necesidades de consumo. Este dependerá del consumo medio, del *stock* mínimo, del plazo de entrega.

La peor situación que se puede producir en el economato es la de rotura de *stock,* ya que no es posible satisfacer las necesidades de consumo del establecimiento debido a que no se reaprovisiona un producto y se agotan sus existencias.

$$Stock = \text{Cero} \longrightarrow Stop \text{ producción}$$

Aplicación práctica

Imagine que usted trabaja en el departamento de economato y bodega de un restaurante, y recibe un pedido de cocina con los siguientes artículos:

2 latas de 1 kg de tomate triturado, 1,5 kg de macarrones, 3 l de nata para cocinar, 2 kg de piña en almíbar, ½ kg de garbanzos, ½ kg de arroz basmati y 4 l de aceite de girasol.

¿Qué forma de recibir ese pedido sería la correcta?

SOLUCIÓN

La forma más correcta de recibir el pedido sería por medio de un vale desde cocina, y firmado por el responsable de la misma.

Vale de pedido a economato		De: ☐ Cocina ☐ Sala A: ☐ Economato ☐ Bodega	
Código artículo	Artículo	Cantidad	Unidad
xxxx	Tomate triturado	2	Kilo
xxxx	Macarrones	1,5	Kilo
xxxx	Nata para cocinar	3	Litro
xxxx	Piña almíbar	2	Kilo
xxxx	Garbanzo	0,5	Kilo
xxxx	Arroz basmati	0,5	Kilo
xxxx	Aceite girasol	4	Litro
Firma Jefe cocina/partida: José García	Firma *maître*/jefe sector:		Observaciones:

4. Resumen

El circuito documental es el recorrido que siguen los documentos para mantener una correcta comunicación entre los diferentes departamentos de la empresa.

Los documentos que intervienen en el circuito documental son los vales o *transfers*, comandas y partes de ocupación.

En la ejecución de operaciones en un restaurante-bar es importante el tiempo que se invierte en realizarlas para rentabilizar el trabajo y sacar el máximo provecho a los empleados.

La comunicación entre los diferentes departamentos debe ser clara, concisa, concreta, además de bien especificada para evitar confusiones que puedan ocasionar retraso en la recepción del pedido, el servicio, etc.

El economato debe estar restringido a unos horarios, no es conveniente regirse por una política de "puertas abiertas", ya que no es rentable y puede producirse un descontrol de *stock*. Para la entrada o salida de productos del economato es imprescindible que estos vayan acompañados de su justificante correspondiente bien cumplimentados.

Ejercicios de repaso y autoevaluación

1. **Indique si la siguiente frase es verdadera o falsa.**

   a. El circuito documental es el recorrido que siguen los documentos para mantener una correcta comunicación entre los diferentes departamentos de la empresa.

   ☐ Verdadero
   ☐ Falso

2. **El documento que se utiliza para realizar traspasos de mercancías de un departamento a otro se denomina:**

   a. Vale o *transfer.*
   b. Hoja de pedido.
   c. Comanda.
   d. Parte de ocupación.

3. **La importancia de obtener la hoja de reservas reside en que...**

   a. ...es posible fijar la composición de los costes de producción de un producto.
   b. ... es posible prever los productos que se van a necesitar y por lo tanto los pedidos que se deben realizar.
   c. ... es posible llevar un control administrativo mejor.
   d. Todas las opciones son correctas.

4. **Indique si la siguiente frase es verdadera o falsa.**

   a. La comanda es un impreso que consta de original y una copia, el original se queda en la sala y la copia se entrega al departamento de facturación.

   ☐ Verdadero
   ☐ Falso

5. **Entre los datos exigidos por un vale de pedido se encuentran:**

   a. Departamento que lo emite.
   b. Departamento que lo recibe.
   c. Cantidad de artículos requeridos.
   d. Todas las opciones son correctas.

6. **Una política de puertas abiertas en el economato...**

   a. ... no es rentable y puede producir un descontrol de *stock*.
   b. ... es lo ideal, ya que se pueden adquirir los productos en el justo momento en que se necesiten.
   c. ... es una técnica arriesgada pero rentable.
   d. Todas las opciones son incorrectas.

7. **Indique si la siguiente frase es verdadera o falsa.**

   a. La brigada es el conjunto de personas que componen un departamento y cuya misión es el servicio y atención al cliente.

      ☐ Verdadero
      ☐ Falso

8. **Aparte de los vales de pedido, ¿qué otros documentos intervienen en el aprovisionamiento interno?**

   a. Factura.
   b. Hoja de pedido.
   c. Listado de productos de proveedores.
   d. Todas las opciones son incorrectas.

9. **Los puntos a seguir en el circuito documental son:**

   a. Emisión de pedidos y gestión de *stocks*.
   b. Pedidos, revisión de pedidos y gestión de *stocks*.
   c. Gestión de pedidos y elección del proveedor.
   d. Todas las opciones son incorrectas.

10. La rotura de *stock* supone...

    a. ... el punto de pedido óptimo para requerir productos a los proveedores.

    b. ... la cantidad de productos idóneos para cubrir las necesidades de consumo.

    c. ... no poder satisfacer las necesidades de consumo del establecimiento debido a que no se reaprovisiona un producto y se agotan sus existencias.

    d. Todas las opciones son incorrectas.

Bibliografía

Monografías

▌ CARO Sánchez-Lafuente, A.: *Gestión en restauración. Diseño en proceso de servicio.* Antequera: IC Editorial, 2022.

▌ CARO Sánchez-Lafuente, A.: *Servicio y atención al cliente en restaurante.* Antequera: ID Editorial, 2022.

▌ MARTÍNEZ Sánchez, G.: *Control de la actividad económica del bar y cafetería.* Antequera: IC Editorial, 2018.

▌ VV. AA.: *Bebidas.* Antequera: IC Editorial, 2018.

▌ VV. AA.: *Elaboración de vinos, otras bebidas alcohólicas, aguas, cafés e infusiones.* Antequera: IC Editorial, 2021.

▌ VV. AA.: *Técnicas de servicio de alimentos y bebidas en barra y mesa.* Antequera: IC Editorial, 2018.